세계시민교육

교사의
교사에 의한
교사를 위한

세계시민교육
Global Citizenship Education

문주호 · 이상모 · 이해인 · 김민수 · 박은주

선생님들의 열정을 응원합니다

강원국제교육원장
이경애

세계시민교육은 2015년 5월 인천에서 열린 세계교육포럼에서 '교육 2030(Education 2030)'으로 채택되었고, 같은 해 9월 유엔 총회에서 채택한 '지속가능발전목표(SDGs)'에 포함됨으로써 2030년까지 전 세계가 노력해서 달성해야 할 글로벌 교육목표가 되었습니다. 지속가능발전목표는 인류가 함께 해결해야 할 전 지구적 문제를 17개 범주로 제시한 것으로 더 나은 세상을 만들기 위한 모두의 적극적 참여를 강조하고 있습니다.

우리 아이들이 다가올 미래에 잘 살아갈 수 있도록 여러 역량을 고르게 길러주는 것이 교육의 역할이라 한다면, 그 미래를 지속가능한 세상으로 만들어가는 일이야말로 우리 모두가 실천해 반드시 이루어내야 할 일이 아닌가 싶습니다. 세계시민교육은 개인의 글로벌 역량을 강화하거나 국제교류를 활발히 하는 것뿐만 아니라

004

평화교육, 문화다양성교육, 다문화교육, 민주시민교육 등 다양한 교육적 논의가 수렴된 포괄적 개념이라 할 수 있습니다. 그러므로 학교현장에서 세계시민교육이 더욱 공론화되고 함께하는 선생님들이 많아지기를 희망합니다.

이미 많은 선생님이 다양한 방법을 활용해 교육현장에서 세계시민교육을 실천하는 것으로 알고 있습니다. 그러한 선생님들의 경험과 수업사례를 모아 책으로 발간한다고 하니 뜻깊은 일이 아닐 수 없습니다. 이 책이 세계시민교육의 길잡이 역할을 충분히 해낼 것으로 기대합니다.

강원국제교육원은 언제나 아이들을 향한 선생님들의 따뜻한 마음과 뜨거운 열정을 응원하며 함께하겠습니다.

차례

Global
Citizenship
Education

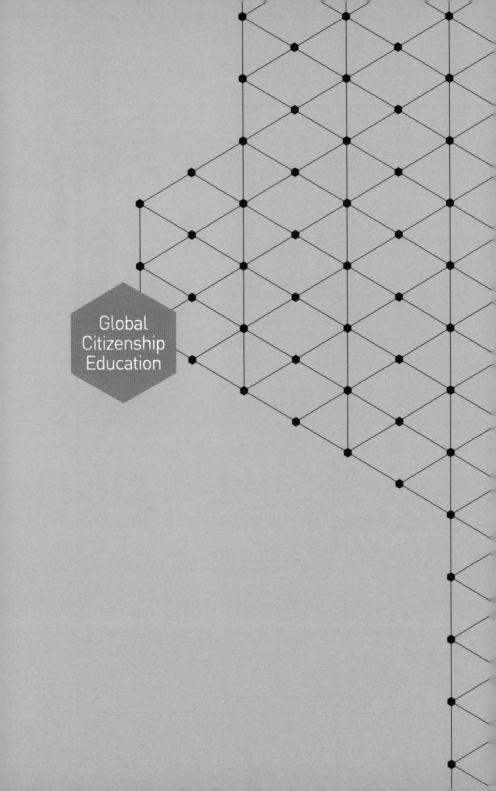

Global
Citizenship
Education

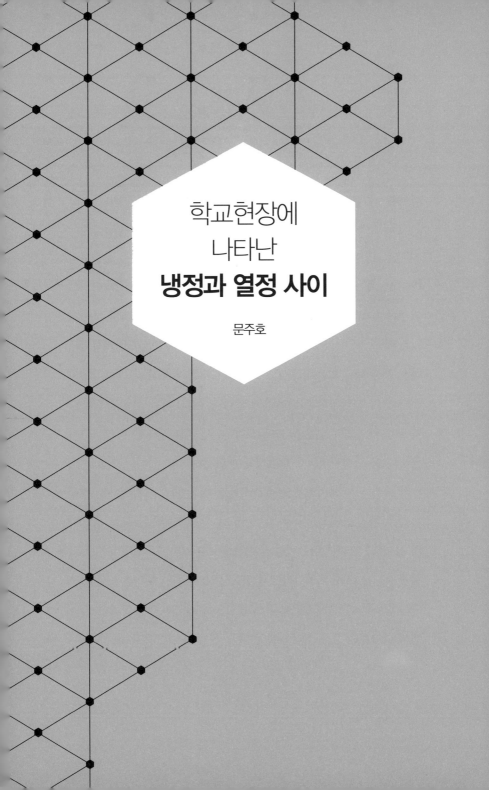

학교현장에 나타난
냉정과 열정 사이

문주호

세계시민교육(Global Citizenship Education, GCE)이 필요하다고 모두 난리입니다. 교육자, 세계적인 경제인, 한 나라의 대통령까지……. 그런데 정작 교육이 일어나고 실시되는 학교는 잠잠합니다. 담당자가 아니면 꿈쩍도 하지 않죠. 이는 미래학교라는 비전을 이루어내야 할 교육의 책임과 의무를 내던지는 자충수이자 보이지 않는 벽이 되고 있습니다. 그러므로 이러한 벽을 보고 회피하기보다는 부딪쳐 균열을 만들고, 종국에는 편견과 나태함을 무너뜨리는 시도가 끊임없이 이루어져야 합니다. '입시'라는 정체불명의 블랙홀에 빠져들고 있는 교육에서 학생들을 대피시키는 비상구로서의 역할을 세계시민교육이 감당해야 합니다.

이 글을 읽는 독자라면 유네스코에서 나온 책들을 읽었다는 전제 아래 정의는 어떻고, 각 분야는 어떻고 하는 이야기는 모두 생략하려 합니다. 어려운 학교현장의 현실을 이야기하고, 바뀌어야 할 고정관념들에 대한 도전의식에서 펜을 들었습니다. 원리론적 주제보다는 교사들이 '세계시민교육'의 중심으로 활약하기를 바라는 마음에서 털어놓는 잔소리 차원에서 글을 써 내려가려 합니다.

국경 없는 지구촌 문제

지구촌 곳곳에서 일상적으로 겪는 기후변화, 환경파괴, 생물 다양성 훼손, 경제 불평등, 제 3세계의 빈곤과 기아 문제 그리고 정치·종교적 갈등과 분쟁 등은 이미 개별 국가의 국경선을 넘어 전 지구촌의 문제가 되고 있다. 국제협력 없는 인류의 평화와 번영 그리고 생존이 불가능한 시대를 맞이할 수도 있다. 지속가능한 지구의 미래를 위해서는 전 지구적인 관점에서 인류 모두의 사고와 행동 양식의 변화가 절실히 필요하다.[1]

100퍼센트 동의합니다. 그러나 현실은 어떤가요? 각 나라의 이권 다툼으로 인해 SDGs의 어느 항목도 크게 개선되지 못하고 있습니다. 선진국들은 탄소중립으로 개발도상국의 자연파괴를 연일 비판합니다. 따지고 보면 과거에 더하면 더했지 모자라지 않는 파행을 일삼은 국가들인데, 현재 그 전철을 밟고 있는 국가들에 대한 비난과 압박은 실소가 나오는 대목입니다.

어디 그뿐인가요! 지구의 허파라고 불리는 아마존의 자연파괴는 세계 모든 나라가 걱정하고 있는 반면, 정작 브라질을 비롯한 남아메리카의 여러 나라들은 전혀 개의치 않는 듯한 입장을 취하고 있습니다. 공유의 비극이 나타나고 있는 것이죠. 아이러니가 현실

---

1) 이금연(2017), 한국 공교육 내 세계시민교육 정책과 실행, 국제개발협력(3), p. 41.

이 되는 세상에서 세계시민교육이 나아갈 방향과 이뤄내야 할 성취는 아직 갈 길이 멀어 보입니다. 그렇다고 마냥 손 놓고 어떻게 되겠지 하는 안일한 낙관주의를 취한다면 가까운 미래에 우리의 먹거리, 놀거리는 종국에 모두 사라질 것입니다.

학교교육에서 세계시민교육 항목들을 수업에 녹여내는 것은 물론 동아리활동, 학교행사 등과 연계해 피부에 와 닿는 체험을 반드시 계획 및 실천해야 합니다. 교사의 자발적 동기로!

지구 살리기 프로젝트

GCE는 미래지향적이고 필연적인 방향을 추구합니다. 미래는 AI가 지배하는 사회라 말합니다. 전혀 연결고리가 없는 이 두 문장을 종합해보면, 세계시민교육은 인공지능을 활용해 미래지향적이고 필연적인 방향으로 진화해야 한다고 말할 수 있습니다. 인류가 창조했으나 거의 모든 산업분야에서 인간보다 뛰어난 능력을 검증하고 있는 AI의 반격은 앞으로도 더욱 거세질 전망입니다.

인공지능의 발달과 아울러 자연환경과의 조화 문제를 해결하면서 가야 합니다. 인간과의 공생도 마찬가지죠. 복잡한 상호관계의 굴레에서 필자는 아무래도 교사다 보니 "교육과정에서 어떻게 풀어낼 것인가?"를 고민할 수밖에 없습니다. GCE는 말 그대로 모든 분야를 아우르는 '지구 살리기 프로젝트'라 할 수 있습니다. 지구가 망가지고, 오염되고, 훼손된다면 인간이 하는 철학, 과학, 윤리 등 모든 학문의 기준과 의미가 무슨 소용이 있을까요?

세계시민교육이 중요하다는 데는 모두 인식을 같이하지만 이를 위한 실천 방안들이 너무 국지적이라는 문제점도 드러납니다. 국내에서만 해도 유네스코를 비롯한 각종 사단법인, NGO, 재단법인, 대학들이 앞 다퉈 자신들이 GCE에 앞장서고 있다고 홍보하고 있습니다. 그들은 각자의 인원, 노하우, 재원을 들여서 우리가 잘 아는 ESD, SDGs를 실천하고 있습니다. 다양성의 측면에서는 훌륭하지만, 해당 수혜를 받는 국가나 지역의 변화는 미미합니다.

실제적 협력을 통해 해당 국가의 사회적 변화를 가져오고, 이를 주변 국가로 파급시키는 결과를 이끌어내지 못하고 있는 것입니다. 이는 우리나라를 포함한 국제교육협력 주관 단체들이 반성해야 할 점입니다. 일회성 또는 선심성 지원이 많이 이루어지고 핵심 기술을 제외한 일반적 기술이전이나 시설의 설치에만 그치고 있습니다. 꾸준한 지원과 기술이전 그리고 기초교육 및 직업 재교육을 국가가 프로젝트로 설정하지 않는다면, 이전보다 상향된 세계시민교육의 효과를 기대하기는 어려울 것입니다.

대한민국 유네스코학교 네트워크

이야기의 주제를 대한민국 유네스코학교 네트워크(ASPnet : UNESCO Associated Schools Network)로 바꿔보겠습니다. 자의 반 타의 반으로 학교가 지정되고, 담당자들이 근무하는 학교로 배정하는 목적경비의 예산을 집행하고 있습니다. 그런데 이런 방식으로 운영해나가는 게 최선일까요? 학교 예산에 편성된 ASPnet의 예산 배정방식은 바뀌어야 합니다.

학교에서는 많은 이들이 이를 기존의 연구학교 및 시범학교 체제에서 벗어나지 못한 대한민국만의 없어져야 할 방식으로 생각하고 있습니다. 2015년부터 중앙 선도교사 및 지역 선도교사를 매년 뽑아 교육을 해왔는데, 그들은 지금 다 어디로 사라졌단 말인가요! 일시적 지원이나 학교장의 의지만으로는 ASPnet이 실패를 답습할 뿐이라는 점을 알 필요가 있습니다.

학교담당자 간의 정보교류를 통해 자유로운 만남 및 그에 따른 예산의 유용성을 위해 교과연구회처럼 운영되어야 합니다. 그러려면 지금의 학교 예산 배정방식에서 개인(회장)에게 지급하는 방식으로 바뀌어야 합니다. 또한 예산의 사용에도 자율성을 보장해야 합니다. 교사라는 직분에 걸맞은 예산 검증체제를 도입해야 합니다. 존중받는 느낌이 없이 업무를 처리하고, 쫓기듯이 서류를 구비하고 보고하는 지금까지의 업무 진행방식을 바꾸지 않는 한, 어느

누가 담당자를 맡더라도 실패를 경험하게 될 것입니다.

공무원의 업무 처리방식이 아니라 대기업 프로젝트 진행방식의 자율성만이 '유네스코학교 네트워크'를 활성화시킬 것입니다. 아시나요? 지금 그 누구도 지역담당자 또는 회장이 되는 것을 꺼린다는 사실을! 필자가 말한 방식만 개선되어도 전임자가 후임자를 선정할 때 훨씬 수월해질 것입니다.

┃ 책 속에 있지 않고, 현장에 있다

다시 돌아가서, "교육과정에서 세계시민교육을 어떻게 풀어낼 것인가?"에 대한 현장의 고민은 지금도 진행형입니다. 그런데 직접 연구회를 맡아서 진행해보니 문제가 많았습니다. GCE 연구자가 초중고 교사가 아니라 대학교수 또는 유네스코 관계자 중심이라는 점 때문입니다. 교수들이 누구인가요? 바로 이론가입니다.

세계시민교육은 방향이자 비전입니다. 비전은 추상적인 개념이죠. 그러므로 이론은 실천으로 구체화되어야 합니다. 대한민국은 이론공화국답게 수천만 원에서 수억 원에 달하는 예산을 자칭 GCE 전문가들에게 쏟아붓고 있습니다. 또한 유네스코 관계자들은 업무로 다가가는 성향 때문에 장기적인 계획으로 점진적 발전을 내다보지 못합니다. 엎친 데 덮친 격이죠. 세계시민교육을 하나의 업무이자 강의 소재로 인식하는 경향으로 인해 뜬구름 잡기를 하고 있습니다.

이에 비하면 학교 현장에서 홀로 외로움과 싸우며 학생들과 동아리나 수업에 녹여내는 이들이야말로 진정한 실천가이자 GCE의 선구자가 아닐까요! 박사과정까지 마쳐야 연구자, 전문가라는 통념을 버리지 않는 한 학교교육에서 세계시민교육의 정착은 요원합니다.

어차피 나온 이야기니 좀 더 하겠습니다. 강의자들의 강의 내용을 보면 외국 사례가 대부분입니다. 왜냐하면 본인이 학교 현장에 나와 교사들과 함께 프로젝트를 실행하는 것을 극히 꺼리기 때문입니다. 세계기후가 어떻고, 공정무역은 이렇다 하는 이야기는 누구나 할 수 있습니다. 자료도 차고 넘칩니다. 왜 직접 현장에 와서 눈과 귀로 보고 듣지 않나요? 통계만 가지고 따질 게 아니라 직접 체험해서 문제점을 파악하고, 그 문제점을 해결할 방안을 왜 다 같이 머리 맞대고 논의하지 않나요! 세계시민교육은 책 속이 아니라 현장에 있다는 것을 알아야 합니다.

교육과정 적용에 대한 생각의 전환

다시 한번 강조하지만, 강연 및 업무를 중심으로 한 세계시민교육 실천방향은 수정이 필요합니다. 그런데 학교가 잘하고 있다고 말하기도 어렵습니다. 이를테면 세계시민교육의 학교 교육과정 적용에 대한 생각의 전환이 필요합니다.

기존의 학교교육에서의 시민교육은 주로 내용 이해 및 인식 관점에서 이뤄지고 있던 경우가 많았다. – 중략 – 우선 교육과정상 세계시민성에 관련한 내용이 주로 후반부에 배치되어 있는 것과 추상적인 개념을 바탕으로 간략하게 제시되어 있는 것을 들 수 있다. 국제 사회 및 세계시민과 관련해 다루는 단원이나 내용이 교육과정에서 학기 후반부에 배치되면서 실제 학교 교육과정에서 수업이 중점적으로 이뤄지지 못한다. 즉, 실제 교육과정에 핵심부에서 벗어나 있다 보니 실행과정에서 자연스럽게 내용을 겉핥기식으로 지나치는 경우가 많아 충분한 이해와 그에 대한 기능적 실천 학습까지 기대하기는 많은 어려움이 있었다.[2]

학교 현장을 정확히 지적한 내용이 마음에 와닿으시나요! 학교는 대부분 세계시민교육을 삶에서 꼭 배워야 할 필수적인 내용이 아니라 보충 또는 교양의 의미로 보아 매 학기의 후반부에 배치합니다. 물론 해당 사항의 중요성을 아는 교사들은 이런 관행에 반대하지만, 대부분 후반부에 배치하죠. 그래서 11~12월에는 필자도 GCE 관련 강의 의뢰가 평소보다 3배 정도 증가하는 경험을 매년

---

2) 이윤주(2016), 세계시민성 함양과 세계시민교육의 실천방안, 사회과학연구, 27(1), pp. 229~230.

하고 있습니다. 하지만 이제는 바꿔야 합니다. 3월에 컨설팅을 받고, 학생 중심의 체험활동을 계획해서 꾸준히 학교 교육과정에서 녹여내야 합니다.

앞에서도 강조했듯이 세계시민교육은 선택에서 필수로 넘어가는 기로에 있습니다. 이러한 시점에서 학교는 변화를 맞고 있죠. 네트워크의 활성화와 급속도로 발전하고 있는 인공지능 기술을 접목한 GCE의 인프라가 구축되고 있습니다. 이러한 인프라 구축의 구심점에 교사들이 자리하려면 좀 더 학술적인 측면에 관심을 가져야 합니다. 실천가이면서 이론가의 면모를 갖춰야 하는 것입니다. 이는 SDGs가 제시하는 17가지 인류에 꼭 필요한 과제를 이루어나가는 양식이 될 것입니다. 그러한 실천방향의 하나가 스터디 또는 학회 활동이 될 수 있습니다.

세계시민교육 관련 스터디에 참가하는 선생님들과의 온오프라인 만남은 많은 것을 느끼게 하는 귀중한 경험입니다. 그분들의 한마디 한마디에서 내공이 느껴집니다. 교육의 다양한 분야를 경험한 교사들이 GCE의 일부만이라도 수업 및 체험과 연결하려 한 노력들은 값어치를 따질 수 없을 만큼 소중한 자료들이었습니다. 이런 분들의 귀한 이야기가 기록으로 남아 후배들에게 전해져야 한다는 생각에서 이 책이 탄생하게 되었습니다.

세계시민교육은 이제 한국형 GCE, 즉 '국가지속가능발전목표 (K-SDGs[3])'의 시대로 변신을 꾀하고 있습니다.

문재인 정부 들어 지속가능발전 거버넌스의 재정립이 국정과제로 채택되었고, 이에 따라 환경부 소속의 지속가능발전위원회를 범부처위원회로 전환될 것이라는 기대도 높아졌다. - 중략 - 환경부는 2018년 2월 사회관계장관회의를 통해 23개 관계부처와 합동으로 '국가지속가능발전목표(K-SDGs: Korean-SDGs) 수립'을 추진하기로 했다.[4]

K-SDGs의 추진은 코로나19의 등장에 따라 더욱더 탄력을 받습니다. 의외의 복병이 학교현장에서 비대면 연수 및 쌍방향 온라인 연수의 영역을 넓혔듯이 K-SDGs 또한 추진력에 속도를 붙이게 되었습니다. 포용과 혁신을 통한 지속가능국가 실현이라는 비전을 바라보고, 정부의 각 부처가 움직이고 있습니다. 그런데 각 부처의 움직임에 대한 계획과 구상은 있으나 협업체제에 의한 진보적 나아감이 부족하다는 인상을 받습니다.

환경부가 중심이 되어 탄생시키는 데는 성공했으나 성장의 동력

---

3) Korean Sustainable Development Goals의 줄임말.
4) 오수길(2019), 지속가능한 미래를 위한 한국형 지속가능발전목표(K-SDGs), 한국환경교육학회 학술대회 자료집, pp. 215~216.

은 현재 전무한 상태입니다. 그러면서도 유네스코를 통한 교육적 접근은 세계 어느 나라보다도 적극적이고 긍정적인 결과를 이끌어 내고 있습니다. 몇 개 영역이고 어느 부서가 전담하고 있다는 내용은 여기서 다루지 않을 것입니다. 다만 직접적인 진행에서 중심 부처가 있고, 그에 따른 유기적 접근과 실천이 아쉽다는 점은 필자의 짧은 식견에서 나오는 안타까움과 호소로 여겨주시길 바랍니다.

지속가능발전목표(SDGs)와 지속발전가능교육(ESD)을 처음 듣는 교사들은 이를 동일시하시는 경우가 많습니다. 저 또한 관심이 없을 때는 구분하지 못했으니까요. 국어의 단어적 차이로 보면 비슷하지만, 영어의 표현문장을 보면 사뭇 다른 것을 알 수 있습니다. 해석은 생략하겠습니다. 지속발전가능교육(Education for Sustainable Development, ESD)은 질 높은 교육의 혜택을 통해 미래를 바꾸고 사회를 변화시키고자 하는 교육의 바람이라 할 수 있습니다.

저는 개인적으로 지속발전가능교육이 교육에 무게를 더 두고 있다고 판단됩니다. 대한민국과 같이 교육의 가치를 존중하는 국가에서는 ESD의 가치를 구현하기가 수월할 것입니다. 그러므로 과학창의재단의 ESD 사업에 독자들도 참여해 역량을 키울 것을 강력히 권유합니다.

ESD for 2030을 향한 국제사회 및 회원국들의 실천방향이 어떻

게, 어떤 방향으로 정착될지는 알 수 없지만, 대한민국은 환경교육
분야를 중심으로 이루어지고 있다[5]는 점에서 기후변화와 지구온난
화에 대한 수업이 학교현장에 활성화되기를 바랍니다. 이를 통해
학교 밖 환경운동가를 비롯한 외부인사들과의 교류는 삶과 교육
을 더욱 풍성하게 하는 교육의 전환점이 되리라 확신합니다. 배움
으로 성장하는 교사가 세계시민교육을 이끌어나갈 때 세상은 변할
것입니다. 도전하는 교사가 아름답습니다.

해야만 하고, 해볼 만한 가치가 있는

마지막으로 '대한민국의 교육자들은 세계시민교육에 대해 어떤
입장을 취할까?'라는 궁금증이 생겼습니다. 대한민국의 GCE는 바
로 가고 있는가에 대한 역설적 반성의 기회를 가져보려 합니다. 학
교교육으로 시작된 세계시민교육은 이제 평생교육으로 확장되어
야 합니다. 이미 되고 있다고 생각합니다. 다만 안타까운 것은 교
사들이 핵심요원으로 성장하지 못하고 있다는 점입니다.

학교교육을 통해 충분한 자기성찰과 경험을 평생교육에서 발휘

---

5) 조우진(2019), [발표] 지속가능발전목표를 위한 지속가능발전교육, 한국환경교육학회 학술대회 자료
집, p. 233.

할 수 있는 길을 마련해주어야 합니다. 그러려면 교사를 보는 학교 행정가의 시각이 바뀌어야 합니다. 수업에 지장이 없는 한 외부로 나가는 강의나 체험 등에 관대하고 적극적으로 지지해주어야 합니다. 그러나 현실적으로 많은 능력 있는 교사들이 그런 제약 때문에 자신의 능력을 발휘하지 못하고 있습니다. 그런 분들에게 필자가 응원의 메시지로 항상 하는 말이 있습니다.

"우리는 대한민국의 교사입니다."

우리를 필요로 하는 곳이라면 어디든 달려가서 활동해야 한다는 점을 강조하기 위한 저만의 다짐이자 철학입니다. 많은 교사들이 학교라는 울타리를 넘어 사회에서 선한 영향력을 펼치기를 바랍니다.

몇 년 사이에 세계시민교육이나 지속발전가능교육과 관련 있는 교사들을 만나고 있습니다. 그분들은 크게 부정적·긍정적·유용적 측면에서 바라보시더군요. 긍정과 부정의 입장에서 GCE, ESD, K-SDGs에 대한 치열한 토론·토의는 많은 생각과 고민을 던져주었습니다. 특히 유용적 시각에서 바라보는 분들의 의견이 가장 기억에 남았습니다. 유용적 시각에서 세 가지를 모두 통합적으로 바라보아야 한다는 생각이 점차 제 마음에 심어지더군요. 앞에서도 강조한 '지구 살리기 프로젝트'가 바로 세계시민교육이라는 것을 더욱더 확고히 할 수 있는 기회가 되었습니다.

올해는 '강원세계시민교육연구회'가 거듭나는 한 해가 되리라 확신합니다. 자진해서 자신의 경험을 나누는 저자들과 다양한 사례를 나누는 데 적극적으로 동참하고 있는 분과별 중앙(지역)선도교사들이 있어 내년에는 더욱더 기대가 됩니다.

이 책에 수록된 저자들의 글을 읽고 피가 끓어오르신다면 바로 GCE에 참여하시기 바랍니다. 해야만 하고, 해볼 만한 가치가 있는 교육이 바로 세계시민교육입니다.

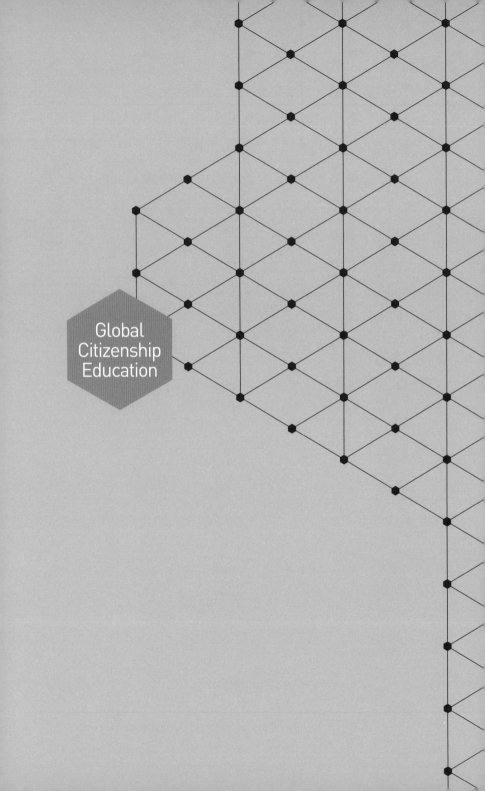

Global
Citizenship
Education

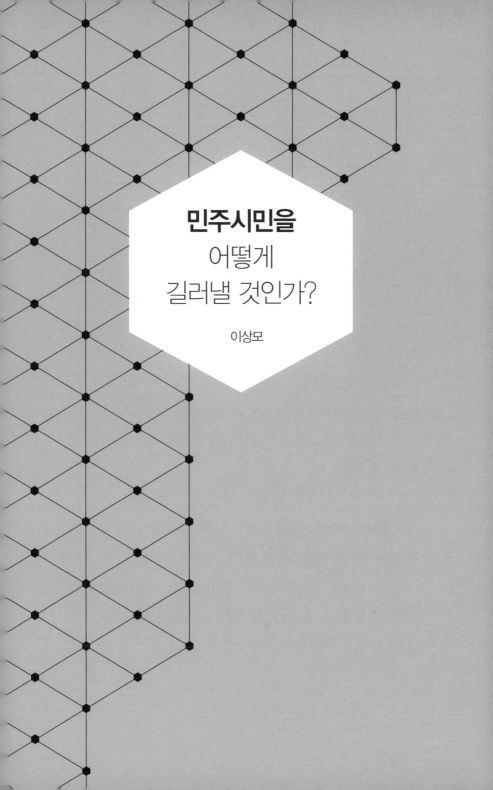

민주시민을
어떻게
길러낼 것인가?

이상모

생각을 자유롭게 이야기하기 위해서는

2010년 대한민국에서 열린 G20 정상회의 연설을 마친 미국의 오바마 대통령이 주최국인 대한민국의 기자에게 질문할 기회를 줍니다. 세상에! 전 세계의 이목이 집중된 자리에서, 그것도 미국 대통령에게 질문할 기회가 일생에 몇 번이나 있을까요? 하지만 웬일인지 질문할 기자가 나타나지 않았고, 한참 동안 고요한 정적이 흐릅니다. 오바마 대통령이 다시 한 번 질문을 권하지만, 결국 중국인 기자에게 기회를 빼앗기고 맙니다.

이는 자신의 부족함을 드러내기 싫어서 자유롭게 말하거나 질문하지 못하는 대한민국의 모습이 드러나는 장면이라고 할 수 있죠. 어디서부터 잘못된 걸까요?

자존감이 낮아, 내가 아닌 다른 이의 눈으로 자신을 평가하려는 문화는 학교에서도 흔히 나타납니다. 초등학교에 갓 입학한 1학년 학생들은 선생님의 모든 질문에 답하고 싶어 합니다. 선생님이 질문을 던지면 자신의 이야기를 해보겠다고 손을 들고 적극적으로 나서죠. 이렇게 표현하기를 좋아하던 학생들이 어쩐 일인지 학년이 높아질수록 말수가 적어집니다. 5~6학년쯤 되면 몇몇 학생 말고는 수업 중에 발표하는 것을 꺼립니다. '괜히 발표했다가 친구들 앞에서 망신당하면 어쩌지?' 하는 염려 때문입니다.

요즘 교육계의 화두 중 하나는 '학생중심수업'입니다. 과거의 학교교육이 교사의 주도로 진행되는 일방적 지식 전달 과정이었다면 요즘은 학생들이 스스로 이끌어가는 수업을 지향하죠. 학생중심수업에서 교사는 한 발자국 뒤로 물러서며, 그사이에 학생들은 자기 생각을 자유롭게 말할 수 있습니다. 틀려도 됩니다. 잘못된 의견은 바로잡아주고 다른 의견을 덧붙이는 것이 같은 반 친구의 역할이니까요.

또한 '민주시민교육'은 학생중심수업의 대표 모델입니다. 민주시민교육은 우리 교실과 사회의 문제를 다루고 그 나름의 해결책을 찾아보는 과정이죠. 학생들은 우리 교실과 학교, 지역사회와 우리나라의 문제에 관심을 가지고 앞으로 어떻게 해결하면 좋을지 고민합니다. 문제를 해결하기 위해 질문하고, 조사하고, 토의하고, 토론합니다. 민주시민교육에는 정답이 없습니다. 정답이 없는 문제를 해결해가면서 학생은 '시민'이 됩니다.

5학년 학생들을 만나며

초등학교 5학년 사회과 교육과정은 인권과 법을 주제로 다룹니다. 5학년 사회과 교육과정에서 다루는 헌법, 법, 인권의 교육내용을 살펴보며 저는 대한민국의 근대사가 떠올랐습니다. 그리고 제헌헌법을 공포하고, 대통령을 선출하고, 법률을 만들고, 민주주의의 발전과 함께 인권을 개선해가는 과정을 교실 안에서 이뤄지게 하면 재미도, 의미도 있을 것 같다는 생각이 들었습니다. 저는 당장 다음 해 학년배정신청서에 5학년을 적어 제출하고 프로젝트 수업을 만들기 시작했습니다. 국어, 도덕, 미술 등 다른 과목의 수업내용과 다양한 토의·토론 방법을 연구하고, 사회를 중심으로 짜놓은 프로젝트 수업의 얼개에 어울리게 끼워 맞추었죠. 조금 부족하다 싶은 것은 창의적 체험활동으로 채웠습니다. 그렇게 준비를 마치고, 마침내 3월이 다가왔습니다.

우리 반 학급헌법 만들기

대한민국은 1945년 광복을 맞고, 3년간의 파란만장한 준비 기간을 거쳐 1948년 제헌국회를 구성합니다. 그리고 대한민국 최초의 국회의원 198명은 대한민국의 기틀이 되는 제헌헌법을 만들어 공포하죠. 학생들과 처음 만났을 때, 저는 민주주의와 대한민국이 어뗗게 탄생했는지 알려주었습니다. 그리고 학생들에게 우리 반의 제헌국회의원이 되어보자고 이야기했습니다. 선생님은 한 걸음 뒤에서 도와줄 테니 학생들이 주인이 되는 교실을 만들어보자고 말이죠. 학생들은 우리 교실에서 어떤 일이 벌어질지 호기심에 한껏 들떠 있었습니다.

학생들에게 대한민국 헌법을 요약해 나눠주었습니다. 그 안에는 헌법에 나타난 국민의 5가지 기본권과 5가지 의무가 담겨 있었죠. 학생들은 기본권의 의무를 곧잘 찾아냈습니다.

"그럼 우리 교실에 필요한 기본권과 의무는 무엇이 있을까?"

제 질문에 몇몇 학생들이 대답합니다.

"우리 모두 평등해야 하니까 평등권이 필요해요. 차별하면 안 됩니다."

"우리 교실을 깨끗하게 유지해야 하니까 환경보전의 의무가 필요해요."

학생들과 우리 교실에 필요한 기본권과 의무에 대해 충분히 이야기한 뒤 모둠별로 우리 반 학급헌법 조문을 만들기로 했습니다. 포스트잇 한 장에 한 개의 조문씩, 모둠별로 여러 개를 제안할 수 있게 했죠.

자! 모둠별로 제안한 조문을 비슷한 것끼리 유목화하니 모두 13개가 만들어졌습니다. 13개의 조문을 놓고 우리 반의 제헌국회의

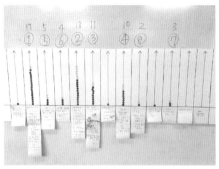

그래프 토의

원 19명에게 '그래프 토의'를 제안했습니다. 그래프 토의는 여러 가지 의견을 벽에 적어놓고, 구성원이 동의하는 의견에 작은 스티커를 위로 쌓아 붙여가며 가장 좋은 의견을 정하는 방법입니다. 한 사람당 스티커를 4개씩 붙여서 그래프 토의를 완료했고, 학생들의 동의를 얻어 8개 조문을 우리 반 학급헌법으로 최종 확정했습니다. "모든 학생은 평등하다"라는 조문은 4개 모둠에서 똑같이 제안하고, 우리 반 학생 19명이 모두 동의했습니다. 여기에서 우리 반 학생들이 다른 기본권이나 의무보다 '평등'의 가치를 우선시한다는 것을 알 수 있었습니다. 이 일은 이후 학급에서 많은 일을 할 때 평등의 가치를 먼저 생각하게 되는 계기가 되었습니다. 학생들은 누군가가 잘해서 상을 받는 것을 원하지 않았습니다. 우리 반 모두가 함께 잘하고 함께 상을 받기를 바랐죠. 그것이 학생들이 원하는 평등과 행복이었습니다.

우리반 학급헌법

학급헌법을 만들기만 하고 끝내면 안 되죠. 다음은 미술시간입니다. 학생들에게 가로세로가 약 10cm쯤 되는 지우개를 나눠주자 신기하다는 표정을 지었습니다.

"지금 나눠준 지우개로 우리 반 학급헌법을 새길 글자 도장을 만들 겁니다."

중복된 글자를 제외하고 우리가 만든 학급헌법에 사용된 글자는 총 84개였습니다. 우리 반 학생이 19명이니 한 사람당 4~5개 정도의 글자 도장을 만들어야 했습니다. 지우개에 맞는 크기의 글자를 프린트해 학생들에게 나눠주면, 학생들은 그 글자 위를 4B 연필로 진하게 색칠했습니다. 그리고 색칠한 글자 위를 지우개로 꽉 누르면! 지우개 위 글자가 좌우가 반전된 상태로 찍혀 나옵니다. 이제 조각칼로 글자를 적당히 파내면 어엿한 글자 도장이 완성됩니다. 어떤 학생은 너무 깊이 파느라 괜한 고생을 했는데, 사실 그럴 필요가 없습니다. 적당히 파도 글자는 아주 잘 찍히죠. 이제 롤러를 이용해 글자가 새겨진 지우개 위에 물감을 묻히고, 넓은 종이에 순서대로 글자를 찍었습니다. 학생들은 자기 차례가 언제 올까, 어디가지도 못하고 마냥 기다렸습니다. 어떤 학생이 새긴 글자는 예쁘지만, 어떤 학생의 글자는 삐뚤빼뚤하고, 또 어떤 학생은 '유'를 '야'로 잘못 새기기도 했습니다. 하지만 괜찮습니다! 그것이 우리 작품의 묘미입니다. 자! 드디어 완성! 완성품은 걸개로 만들어 학급 게시판에 전시했습니다.

모의선거 하기

민주주의의 꽃은 선거입니다. 선거는 조직 또는 집단의 대표자를 뽑는 과정이라고 할 수 있습니다. 우리나라는 1948년 제헌헌법을 공포하고 초대 대통령을 선출했습니다. 우리나라의 대통령으로 당선되면 5년 동안 일할 수 있고, 두 번 당선(중임)될 수는 없습니다. 우리나라 선거는 대통령 선거 이외에 총선거(국회의원)와 지방선거(시장, 도지사) 등이 있습니다.

어느덧 우리 반 대표자를 뽑을 시기가 다가왔습니다. 우리 반 학급임원을 선출하기 전에 어른들이 하는 선거를 제대로 체험해보면 좋겠다고 생각했습니다. 저에게는 1년 전 있었던 국회의원선

가상 선거공보물

거 공보물이 있었습니다. 선거공보물에는 국회의원 후보의 공약이 잘 정리되어 있었죠. 이를 바탕으로 가상 선거공보물을 만들었습니다. 기호 1번 박일번 후보와 기호 2번 최이번 후보의 가상 대결이었죠. 실제 후보의 공약 중 우리 지역과 직접적으로 관련 있는 내용을 추려 가상 선거공보물에 넣었습니다. 학생들에게 가상 선거공보물 나눠주자 "아~" 하고 탄성이 터져 나왔습니다. 자세히는 모르지만, 1년 전 집 안 어디엔가 놓여 있던 선거공보물을 봤을 테니까요. 학생들에게 매니페스토(manifesto), 그러니까 선거공약에 대해 관심을 가지고 우리가 뽑은 대표자가 그 공약을 잘 실천하는지 살펴보는 것이 중요하다는 이야기를 해주었습니다. 그런 다음 가상 선거공보물의 공약을 하나씩 살펴보았습니다.

선거공약은 초등학생이 이해하기에는 조금 어려운 면이 있습니다. 지역의 현안을 알아야 하기 때문이죠. 그래서 약간의 시간을 들여 이 공약이 실천되면 어떤 점이 좋아지는지에 대해 설명을 해

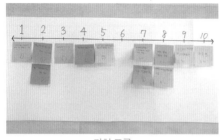
가치 토론

야만 했습니다.

이번 수업의 토의·토론 방법은 '가치 토론'입니다. 여러 의견을 살펴보고 각 의견의 가치를 평가하는 방법입니다. 수업에서는 점수가 적힌 토론판을 두고 모둠별로 의논해 포스트잇에 적힌 공약의 가치만큼 해당하는 점수 아래에 붙이게 했습니다.

두 후보의 경력, 병역사항, 전과기록이 결과에 영향을 미치기도 하고, 두 후보가 낸 공약이 비슷한 것도 있었습니다. 우리 반 학생 19명이 비밀투표로 국회의원을 선택했고, 모의선거 당선자가 선출되었죠. 뽑고 보니 우리 반 학생들이 선택한 후보는 실제 어른들이 선출한 후보와 달랐습니다.

이어서 우리 반 대표자를 선출하는 학급임원선거를 이틀에 걸쳐 실시했습니다. 학급임원이 어떤 일을 해야 하는지에 대해서 논의했습니다. 선거에

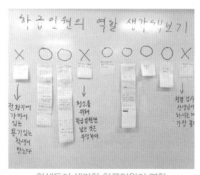
학생들이 생각한 학급임원의 역할

출마한 학생들은 자신이
실천할 공약을 적어 벽에
붙였고, 학급임원 후보자
토론회도 열었습니다. 학
생들은 토론회에서 자신
의 장점을 부각하기 위해
다른 후보의 공약을 비판

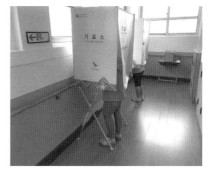
학급임원선거 투표

하기도 하고, 재미있는 농담으로 환심을 사기도 했죠. 그렇게 결국
우리 반 대표자도 뽑았습니다.

코로나19로 인해 모의선거와 학급임원선거 투표 과정은 꽤 어려
웠습니다. 감염 위험이 있었기 때문이죠. 그래서 실제 국회의원선
거처럼 손소독제와 비닐장갑을 사용했습니다. 하지만, 어쩌면 그
런 것들이 학생들의 흥미와 현실감을 더욱 자극했는지도 모릅니다.

우리 반 학급규칙 만들기

우리가 국회의원을 뽑는 이유는 국회의원이 국민의 삶을 살펴
모든 국민의 기본권을 지키는 법을 만들어야 하기 때문입니다. 법
은 시간이 흘러 세대가 변화함에 따라 사라지기도 하고, 새로 만들
어지기도 합니다. 따라서 법은 그 시대를 사는 국민이 삶을 저절히

반영해야 합니다. 법이 시대를 따라가지 못하면 선의의 피해자가 생길 수도 있고, 범죄를 저지르더라도 벌을 줄 수 없는 상황이 발생기기도 합니다.

우리 반도 헌법을 제정하고 학급임원도 선출했습니다. 이제 헌법을 바탕으로 우리 반 학생들이 더불어 살아가는 데 필요한 법을 만들어야 할 때가 왔습니다. 우리 반의 법은 학급규칙으로 부르기로 했습니다.

친구들이 함께 지내다 보면 좋은 일도 많지만, 가끔은 별일 아닌 것 때문에 다투기도 합니다. 때로는 질서를 어기는 사람도 생기고, 억울하게 피해를 보는 사람도 생깁니다. 그런 일이 없도록 하는 것이 법입니다. 사전에 법을 만들어 질서를 잡아놓으면 잘잘못을 따질 필요가 없습니다. 그래서 학급규칙이 필요합니다.

이전 수업에 국회에서 법을 만드는 절차와 식품위생법 등 몇몇 법을 살펴봤습니다. 이번 수업에서는 대한민국의 법을 참고해 '만다라트 토의'로 우리 반에 필요한 규칙을 만들었습니다. 만다라트 토의의 주제는

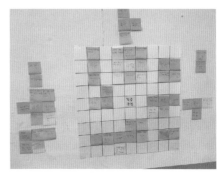

만다라트 토의

'학급규칙'으로 미리 정해놨습니다. 법에 민법, 형법 등이 있는 것처럼 어느 분야에 학급규칙이 필요할지 학생들이 생각하는 데서부터 토의가 시작됩니다. 토의에서는 비판을 허용하지 않는 것이 중요합니다. 그래야 자유롭게 자신의 생각을 말할 수 있죠. 하위 주제는 '평등', '수업', '방학', '청소', '학생', '화장실', '급식' 등 흥미로운 것들이 많이 나왔습니다. 이제 본격적인 아이디어를 생성할 때입니다. '수업 시간에는 장난치지 않기·마스크 벗지 않기·조용히 하기', '화장실을 갈 때는 한 명씩 가기·쓸데없이 가지 않기', '방학에는 푹 쉬기' 등 5학년 학생들의 학교생활 경험이 묻어나는 규칙이 많이 나왔습니다.

많은 아이디어가 생성되었기 때문에 학급규칙으로 필요하지 않은 아이디어는 과감히 제거할 필요가 있습니다. 그래서 아이디어를 전체 학생들에게 알려주고, 국회에서와 같이 다수결로 학급규

학급규칙 법전

칙에 포함할지 여부를 결정했습니다. 이에 따라 총 35개 조항을 최종 학급규칙으로 정했습니다. 시간 단축을 위해서 이 과정은 신속하게 진행해야 했습니다.

다음에 이어진 미술시간에는 우리가 만든 학급규칙을 법전으로 제작하기로 했습니다. 자신이 맡은 학급규칙을 적고 이를 간단한 그림으로 표현하는 방식으로 계획했습니다. 미술시간에 35개 조항을 모두 그림과 함께 표현할 수는 없었기 때문에 그중 16개 조항은 그림 없이 글로만 표현했습니다.

마지막으로, 학생들이 만든 35개 법조문을 하나로 묶기 위해 제본을 해서 교실 뒤편에 전시했습니다. 이렇게 학급헌법에 이어 학급규칙까지 완성했습니다. 우리가 함께 만든 규칙이니만큼 누가 지키지 말라고 해도 왠지 지켜야 할 것만 같습니다. 그만큼 우리 반의 결속력은 더욱 강해지고 우정은 더욱 두터워졌습니다.

어느덧 법을 주제로 한 수업이 끝났습니다. 우리 반은 그동안 학급헌법을 만들고, 학급임원을 선출하고, 학급규칙을 만들었습니다. 학생들은 자신이 만든 법을 수호하기 위해 애썼습니다. 때로는 학급회의를 열어 학급규칙을 손보기도 하고, 학급규칙을 지키지 않은 학생에게는 어떤 벌을 줘야 할지 생각해보기도 했죠.

우리 주변에서부터 인권 개선하기

이제 수업은 인권을 주제로 다뤄야 합니다. 우리나라에서의 인권은 한 번에 발전한 것이 아닙니다. 열악한 노동환경과 임금개선을 위해 분신한 전태일 열사와 일본군 위안부 피해자이자 여성인권운동가인 이용수 할머니 등을 비롯한 수많은 이들의 노력과 희생이 있었기에 인권과 민주주의의 발전이 가능했습니다. 앞으로도 인권과 민주주의를 더욱 발전시켜나가야 합니다. 이는 대한민국 시민인 우리 반 학생들의 과제이기도 하죠. 하지만 관심을 두지 않는다면 더 이상의 발전은 없을 것입니다. 학생들이 인권 개선의 필요성을 인지하고, 작은 실천이라도 끊임없이 이어나갔으면 좋겠다고 생각했습니다.

이번 수업은 도서 《목기린 씨, 타세요!》를 읽는 것으로 시작했습니다. 사회수업과 국어 독서 단원(한 학기 한 권 읽기) 수업 차시를 함께 사용해 다양한 활동을 여유롭게 할 수 있었습니다. 수업의 토의·토론 방법은 '에르디아 토의'입니다. 에르디아 토의는 주제와 어울리는 핵심단어를 떠올리고, 핵심단어를 매개로 질문을 만들어 토의해보는 활동입니다.

먼저, 《목기린 씨, 타세요!》의 핵심단어(가장 먼저 떠오르는 단어, 교훈이나 가치 등)를 생각해 포스트잇에 적고, 왜 그 단어가 생각났는지 이야기해보았습니다. 이 활동을 통해 학생들은 인권과 차별에 대해 조금씩 알게 되고, 서로의 의견을 공유하며 생각을 확장해 나갔죠.

이제 본격적인 토의가 시작되었습니다. 모둠별로 '세 개의 동심원이 그려진 토의판'을 나눠주고, 가운데 있는 작은 원에 '인권'이라고 적게 했습니다. 그리고 모둠끼리 이야기를 나누면서 두 번째 원에 '인권' 하면 떠오르는 핵심단어를 쓰게 했죠. 학생들은 이미 《목기린 씨, 타세요!》를 읽었기 때문에 각자 정리된 핵심단어를 적었습니다.

'차별', '편견', '인종', '평등', '차별', '권리'……

다음에는 핵심단어로 질문을 만들었습니다. 학생들이 세상을 향해 묻는 질문을 말이죠.

"사람들은 왜 차별을 할까요?"

"왜 차별을 하면 안 될까요?"

"모든 사람이 평등하려면 어떻게 해야 할까요?"

"사람들은 왜 편견을 가지게 될까요?"

"어떤 사람이 사회적 약자일까요?"

많은 질문이 만들어졌고, 모둠별로 돌아가며 대표 질문을 전체 학생들에게 던졌습니다. 그에 대한 대답도 학생들이 찾아야 합니다. 학생들은 자기 생각을 이야기하고, 친구의 생각에 반박하고, 친구의 생각에 자기 생각을 덧붙이기도 했습니다. 수업시간이 끝나가는 줄도 모르고 열띤 토의가 이어졌습니다.

인권 개선을 위한 노력은 토의만으로 끝나서는 안 됩니다. 이번에는 우리 주변을 돌아보며 불편한 것, 인권을 위해 개선해야 할 것을 찾아보자고 제안했습니다.

"학교 앞 도로에서 차가 너무 빨리 달려서 위험해요."

"화장실 세면대가 너무 낮아서 불편해요."

"3층 끝 계단 난간에 아이들이 매달려서 노는 것이 위험해 보여요."

"분리수거장이 있으면 좋겠어요."

학생들은 생각보다 많은 부분을 찾아냈습니다. 관심을 가지고 보니 많은 것이 달리 보였죠. 개선하고 싶은 장소의 사진을 휴대전화로 찍고 즉석인화기로 프린트했습니다. 그리고 사진 위에 하얀색 세필마카펜으로 변화시키고 싶은 모습을 덧그리게 했습니다. 학교 앞 도로에 천천히 운전해달라는 현수막이 붙고, 화장실 세면대가 높아지고, 계단 난간에서 떨어지더라도 다치지 않게 안전

인권 개선 실천
– 학교 앞 자동차 속도 줄이기 캠페인

인권 개선 실천 – 분리수거

장치가 생기고, 학교 뒤편에는 분리수거장이 생겼습니다.

비록 학생들은 사진 위에서 인권을 개선했지만 실제로 이뤄진 것도 있습니다. 학교에 제안해서 우리 반 학생들이 만든 문구로 자동차 속도를 줄여달라는 현수막을 게시하고, 학교 뒤편에는 분리수거장이 생겼습니다. 그리고 앞으로 계단 난간에 안전장치도 만들어주시겠답니다. 우리가 해냈습니다! 우리가 이뤄낸 작은 변화를 보세요.

"우리가 노력하면 세상을 조금씩 바꿀 수 있다는 걸 알았어요."

학생은 지금을 함께 살아가는 시민

"대한민국은 민주공화국이다"라는 문구로 시작하는 대한민국 헌법은 국민의 자유와 평등을 통해 인간의 존엄성을 이루는 것을 목표로 하는 민주주의를 표방합니다. 그뿐만 아니라 대한민국 교육기본법 제2초(교육이념)는 "교육이 민주시민으로서 필요한 자질을 갖추게 함을 목적으로 한다"고 밝히고 있습니다. 하지만 대한민국

헌법과 교육기본법에서 민주주의를 이야기한다고 해서 대한민국이 민주시민 사회가 되는 것은 아닙니다. 민주시민 사회는 교육을 통해 만들어집니다. 학교교육이 중요한 이유입니다.

미국 철학자 존 듀이는 학교를 '작은 사회(micro society)'로 간주합니다. 저는 존 듀이가 말하는 작은 사회가 큰 사회로 나아가기 전에 거쳐야 하는 연습 정도라고 생각하지 않습니다. 왜냐하면 우리 학생들도 분명 현실을 살아가는 '시민'이기 때문입니다. 학생들은 우리 교실과 사회의 당면한 문제를 직시하고, 사회구성원으로서 토의·토론을 통해 주체적으로 결정하고, 이를 해결하며, 그에 대한 책임을 다해야 합니다.

민주시민교육은 우리 학생들로 하여금 우리 주변에서 일어나는 다양한 문제에 관심을 갖게 하고, 이를 해결하는 데 참여할 수 있게 하는 좋은 소재입니다. 우리 학생들이 훗날 세상을 이끌어나가는 어른이 되었을 때, 민주시민의 높은 자존감으로 당당히 자신의 의견을 피력할 수 있기를 바랍니다.

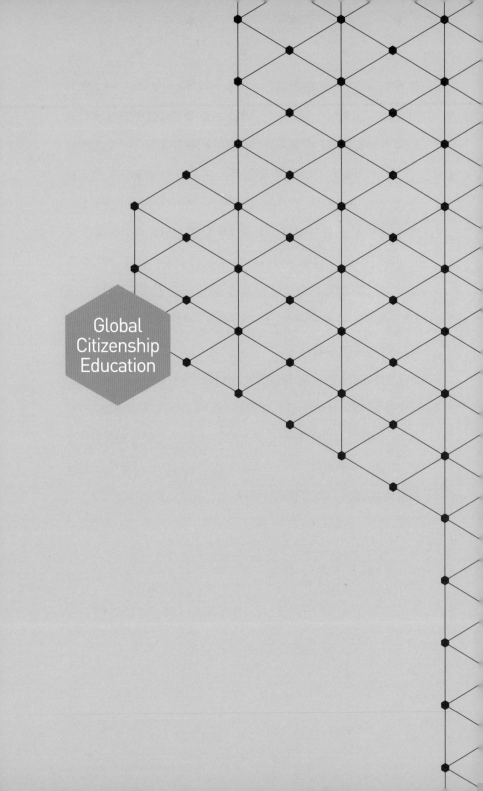

Global
Citizenship
Education

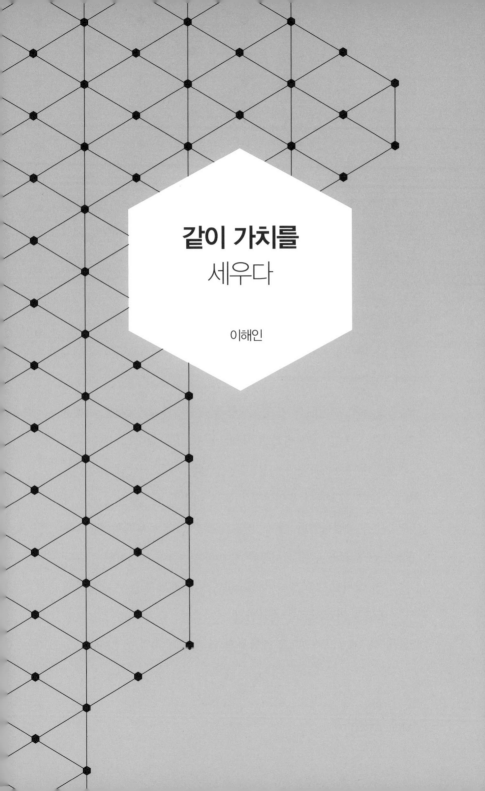

같이 가치를
세우다

이해인

"최근에 계속 세계시민교육을 강조하는 걸 보니 세계시민교육이 중요한 것 같긴 한데 세계시민교육이 정확하게 무엇인지 잘 모르겠어요. 세계시민교육을 어떻게 해야 할지도 조금 막막하고요."

선생님들께서는 '세계시민교육'이라는 용어가 친근하신가요?

몇 년 사이 교육현장에서는 세계시민교육이라는 용어를 어렵지 않게 발견할 수 있습니다. 이와 관련된 공문들도 현장에 많이 내려오고 있고요. 그런데 주변 선생님들과 이야기를 나눌 때면 세계시민교육이 선생님들께 어떻게 다가오는지 사실 잘 모르겠습니다. 저 또한 세계시민교육을 처음 접했을 때는 다른 선생님들의 반응처럼 세계시민교육이 무엇인지 그리고 어떻게 학생들에게 가르쳐야 하는지 막막하기만 했으니까요. 그랬던 제가 세계시민교육에 관심을 가지고 공부하기 시작한 지 어느덧 3년이 되어가고 있습니다. 그저 교사로서 학생들이 스스로를 이해하고 더불어 행복하게 사는 방법을 가르치고자 지금까지 세계시민교육에 대해 공부하고 있습니다. 세계시민교육을 시작하게 된 것은 2019년 민주시민교육

연수에서부터입니다. 민주시민교육 연수에서 다양한 강의와 여러 선생님과의 정보공유를 통해 풍성한 지식을 얻을 수 있었습니다. 그러나 선생님들과 연수를 마무리하는 마지막 대화에서 몇 가지의 질문이 저에게는 다소 충격적으로 다가왔습니다. 지금 생각해보면 이때의 충격이 제가 지금까지 세계시민교육을 포기하지 않고 해오고 있는 원동력인지도 모르겠습니다.

"저는 중고등학교의 장애학생들을 가르치고 있는 특수교사입니다."

토론이 시작되기 전 자기소개 시간에 선생님들께 특수교사라는 것을 밝히자마자 대화의 초점은 온통 '장애'가 되었습니다.

"장애에 대한 인식을 개선하려면 어떻게 해야 할까요?"
"장애인과 비장애인들의 진정한 통합을 위해서는 어떻게 해야 할까요?"
"비장애인들이 장애인과 더불어 잘 살아갈 수 있는 방안은 무엇이 있을까요?"

같이 대화를 나누던 선생님들의 관심 분야가 '인권'이었고, 선생님들은 단순히 사회적 차별을 해소하는 방안을 찾기 위해 했던 질문이었을지도 모릅니다. 하지만 그곳에서는 한 사회의 구성원으로서 마땅히 세계시민교육을 배워야 할 장애학생들은 찾아볼 수 없었습니다. 장애인은 그저 이 사회의 약자로서 배려받고 비장애인들이 도와주어야 하는 사회의 약자일 뿐이었지요. 이 일을 계기로 나부터라도 장애학생들을 위한 세계시민교육을 해나가야겠다고 다짐하게 되었습니다. 하지만 굳은 다짐과는 달리 장애학생을 위한 세계시민교육 자료를 찾는 것은 하늘의 별 따기였습니다. 보편적으로 알려진 세계시민교육의 길라잡이는 모두 비장애학생에게 초점을 맞춘 자료뿐이었지요. 상황이 이렇다 보니 포기하고 싶은 마음도 있었지만, 장애학생들이 쉽고 재미있게 배울 수 있는 세계시민교육을 시도해봐야겠다는 마음으로 여러 선생님들과의 만남을 시작했습니다.

첫 발걸음을 떼다

앞서 말한 것처럼 학교현장에서 혼자 세계시민교육 자료를 개발하는 일은 만만치 않았습니다. 또한 세계시민교육의 개념도 제대로 정립하지 못한 채 주먹구구식으로 실시한 수업은 과연 학생들에게 유의미한지 혼란스럽기만 했습니다. 결국 이런 식으로는 도저히 안 되겠다는 생각에 세계시민교육을 함께 공부할 선생님들을 찾았습니다. 그러다 국내 유일의 전국특수교사연구회(SET-UP)의 모이세(모두를 이롭게 하는 세계시민교육)에서 세계시민교육을 연구하

SET-UP의 세계시민교육 유닛   장애학생을 위한 세계시민교육자료 발간

고 교육자료를 개발하고 있다는 것을 알게 되었습니다. 겁이 났지
만 함께하고 싶다는 마음이 점점 커져 신입 연구원 채용에 지원했
고, 최종 면접을 거쳐 장애학생을 위한 세계시민교육을 연구하며 3
기 연구원으로 활동하고 있습니다. 세계시민교육의 다양한 주제들
을 다 다루기에는 아직 많이 부족하지만, 마음이 같은 선생님들과
지속적으로 모임을 가지며 자료 개발과 세계시민교육의 방향성을
조금씩 잡아가고 있습니다.

함께하는 즐거움

예전부터 환경오염은 매우 심각한 문제였으나 코로나19 발생 이
후 환경문제는 전 세계가 함께 해결해야 할 사회적 문제로 인식되
고 있습니다. 환경교육에 관심이 없던 선생님들도 교실과 일상생활

에서 넘쳐나는 일회용품과 플라스틱 쓰레기들을 보며 환경교육의 중요성을 많이 강조하게 되었지요. 이후 함께 근무하던 선생님들은 가르치는 교과의 내용과 환경문제를 연관 지어 환경교육을 진행했습니다. 선생님들은 이 수업을 진행하면서 공통적으로 환경문제가 단지 이론수업에서만 그치는 것이 아니라 '행동하기 위한 학습'이 되어야 한다고 입을 모았습니다. 모두가 이에 동의했으며, 학생들

선생님들과 함께하는 비치클린 활동

이 행동하고 실천할 수 있도록 교사가 먼저 행동하고 실천해보자는 의견을 모아 무엇을 하면 좋을지 찾아보기 시작했습니다. 그러다 우연히 속초, 고성 인근 해변에서 '비치클린'을 실천하는 일러스트 작가분을 알게 되었고, 우연한 기회에 선생님들과 함께 그분이 지금까지 해온 환경운동, 비치클린 활동에 대한 이야기를 듣게 되었습니다. 타 지역에서 오

셨음에도 불구하고 현재 거주하고 있는 지역사회에서 꾸준히 비치클린을 하시는 일러스트 작가분의 이야기에 학생들과 선생님들은 모두 반성했습니다. 그리고 집게와 장갑 그리고 종량제 봉투

해변 곳곳에 숨어 있는 쓰레기들

를 구입하고 비치클린 활동에 동참하였습니다. 무분별하게 버려진 쓰레기로 인해 해양생태계 문제가 심각하다는 것을 알고는 있었으나 직접 해변을 돌며 쓰레기를 주워보니 모래사장 속, 방파제 밑, 쉼터 주변, 바닷속 각종 쓰레기들은 이루 말할 수 없을 정도였습니다. 꾸준히 비치클린에 동참한 교사들은 이 활동을 통해 자연스럽게 환경에 더 관심을 갖게 되었고, 사회적 거리두기로 인해 학생들이 직접 비치클린에 동참할 순 없었지만 학생들에게 해양쓰레기의 심각성을 알려줄 수 있는 교육자료를 제작할 수 있었습니다.

시간이 지나 교실에는 놀라운 변화가 찾아왔습니다. 코로나19로 인한 원격수업 기간 동안 배부되는 학습준비물이 대부분 친환경적으로 바뀌는 모습을 발견할 수 있었습니다. 비닐 포장 에어캡은 친환경 옥수수 완충재로, 학습지를 고정하는 스테이플러 철심은 심

없는 스테이플러의 사용으로, 여러 장의 플라스틱 파일은 종이봉투 하나로 바뀌게 되었지요. 저 혼자 이러한 변화를 제안했다면 과연 가능했을까요? 모두가 환경보호에 공감하고 뜻을 모았기 때문에 가능했던 것입니다. 이 일을 통해 다시 한번 모두가 세계시민교육에 관심을 갖고 교육적 가치를 공유하는 것이 얼마나 중요한지 깨닫는 귀한 경험이었습니다.

세계시민교육이란 무엇일까요?

올해의 첫 세계시민교육은 미얀마 사태를 마주하는 것으로부터 시작했습니다. "미얀마? 미얀마가 어디지?", "갑자기 웬 미얀마?" 학생들의 어리둥절한 표정에서 시작된 미얀마 수업은 사실 좀 걱정스러웠습니다. 아직 우리나라의 역사적 사건도 잘 알지 못하는데 국제적인 사건이 학생들에게 너무 어려운 주제는 아닐지, 학생들과 직접 관련된 일도 아닌데 과연 관심을 가질지 여러 우려 속에서 몇 주에 걸쳐 프로젝트 수업을 진행했습니다. 그런데 걱정과는 달리 학생들은 미얀마에 대한 정보를 많이 알고 있었고, 미얀마 사태에 대한 영상을 보며 함께 분노하고 슬퍼했습니다. 미얀마의 상황을 여러 각도로 바라본 뒤에는 '내가 우리나라의 대통령이라면 미얀마를 돕겠다' vs '내가 우리나라의 대통령이라면 미얀마를 돕지 않겠다'는 주제로 각자 의견을 선택하게 한 뒤에는 모둠 토론을 진행했습니다.

"우리나라의 문제도 아니고 오히려 도와주었다가 또 다른 외교적 문제가 발생할 수 있으니 미얀마를 돕지 않겠습니다."

"비록 다른 나라의 일이지만 우리나라도 저런 시대가 있었고, 그때 우리나라를 도운 여러 나라들이 있었기 때문에 우리가 지금 이렇게 행복하게 살 수 있는 것입니다. 미얀마를 도와야 합니다."

사실 토론을 위한 모둠회의를 시작하자고 했을 때 학생들은 몹시 난감한 표정을 지었습니다. 지금까지 교실에서 국제적인 문제를 바라보았던 경험도, 그리고 모둠으로 토론을 준비하는 과정도 매우 낯설었기 때문이지요. 그러나 각자의 장점을 활용해 한 친구는 학생들의 답변을 종이에 적고, 또 다른 친구는 대표 토론자를 맡아 발표를 준비하며 풍성한 토론으로 이어졌습니다. 치열한 토론을 마친 뒤 마무리를 지어야 하는 시간이 다가오자 학생들은 저에게 무엇이 맞는지 결론을 내려주길 바라는 눈치였습니다. 저는 학생들에게 아무 말 없이 한 가지 질문을 던졌습니다.

"여러분들이 미얀마의 시민으로 태어났다면 어떤 선택을 할까요?"

교실은 매우 잔잔해졌습니다. 학생들의 의견이 저마다 일리가 있었기 때문에 어느 것이 정답이라고 이야기하지는 않았습니다. 그러나 저 질문을 듣고 학생들의 머릿속에서는 많은 생각이 오갔을 것입니다. 학생들에게 처음부터 '우리가 미얀마를 도와야 하는 건 당연한 일입니다'라고 했다면 학생들은 과연 이 문제를 어떻게 받아들였을까요? 문제가 왜 발생하게 되었고, 우리는 어떤 자세와 태도를 취해야 하는지 생각해볼 겨를도 없이 저의 의견을 그냥 받아들이지 않았을까요?

세계시민교육의 첫걸음은 교사의 완벽한 지식과 철저한 준비 또는 전문 강사진, 화려한 교재교구도 아닌 것 같습니다. 이처럼 세계시민교육은 교실 속에서 교사와 학생이 교육적 주제에 대해 생각하고 함께 대화를 나누는 것에서부터 시작할 수 있습니다. 참 쉽지요.

┃ 영화로 만나는 민주시민교육

민주시민교육은 민주국가의 주인으로서 민주주의를 배우고 삶에서 자신의 권리를 행사할 수 있도록 돕는 교육을 의미합니다. 학생들이 민주주의를 이해하게 할 뿐만 아니라 다양한 시각으로 세상을 바라보도록 안내하는 것이 교사인 저의 역할이지요. 상대적으로 주의집중력이 짧은 장애학생이 핵심내용을 잘 이해하고 수업에 적극적으로 참여하게 하는 것은 늘 고민이 되는 부분입니다. 민주시민교육을 프로젝트 수업으로 매달 진행하려고 하니 이런 교육적 고민은 더 커져만 갔습니다. 어떤 방법이 좋을지 고민하던 중 다행히도 반 학생들이 매주 영화를 보러 영화관에 갈 만큼 영화에 흥미가 많다는 사실을 알게 되었습니다. 그리고 다른 수업시간에는 눈을 껌뻑이며 졸던 학생들도 역사시간에는 눈을 반짝이며 수업에 온전히 빠져든다는 사실도 알게 되었지요. 영화와 역사의 만남, 민주시민교육을 하기에 매우 좋은 요소였습니다.

이렇게 학생들의 흥미를 파악한 뒤 호국보훈의 달을 맞아 6월부터 매월 각 주제에 어울리는 영화를 학생들이 직접 선택할 수 있도록 자치회의를 진행했습니다. 회의를 통해 학생들은 각각 영화를

> 당시 아무리 군사독제 정권이었더라도 그렇게 무고한 시민들을 고문하는 건 아니지 않나요? 대통령의 명령이라도 이한열, 박종철 사건은 정말 아니라고 생각합니다. 이건 너무 가혹하잖아요. 사람으로 절대 해서는 안되는 행동을 하신겁니다.

영화 〈1987〉 감상 후 당시 등장인물에게 쓴 비판의 글

한 편씩 추천하고 투표를 통해 3편 정도의 영화 후보작을 결정했습니다. 후보작이 결정된 뒤에는 영화를 추천한 학생이 반 학생들에게 영화를 소개하고 추천한 이유를 발표했습니다. 다른 친구들은 친구의 발표를 들으며 그 의견이 타당한가를 생각하고 좀 더 알고싶은 점에 대해서는 질문을 할 수 있게 했습니다. 이 모든 과정을 거치고 나면 투표를 통해 최종적으로 한 편의 영화를 결정하고 영화와 관련된 역사적 흐름을 파악할 수 있는 수업을 진행했습니다. 또한 영화를 본 뒤에는 단순히 영화감상에 그치지 않도록 하기 위해 항상 학생들에게 여러 가지 질문을 제시하고 충분히 대화할 수 있는 시간을 주었습니다.

"나는 저 상황에 어떤 선택을 할 것인가?"

"과연 저렇게 행동한 것이 민주적이었던 것일까? 올바른 것이었을까?"

프로젝트 수업 중에서는 2021년 6월, 영화 〈1987〉로 진행했던 수업이 기억에 많이 남습니다. 영화에 나왔던 주요 등장인물들을 분석해서 그들을 비판하기도, 그들을 변호하기도 하는 활동을 했지요. 학생들이 이 활동을 하면서 단순히 '나쁘다, 착하다'를 넘어 각자 등장인물이 되어 복잡한 감정을 이해하고 올바른 행동과 태도는 무엇인지 평가하였습니다. 그리고 자신이 현재를 살아가면서 가져야 할 올바른 가치와 태도를 발표하는 시간을 가졌는데 각자의 소신과 신념을 너무나도 멋지게 발표하는 학생들의 모습이 매우 인상적이었습니다. 이 프로젝트 수업을 진행하고 학기말에 학생들에게 나타나는 가장 두드러진 변화는 '자기주장'과 '자기결정력'의 향상입니다. 첫 학급회의 때만하더라도 교사가 다 정해주길 바라며 조용

시민분들께
저는 이번 수업을 통해서 시민분들이 나라를 위해 목숨걸고 싸웠다는 것을 알게되었습니다. 시민분들께서 힘써주신 덕분에 현재 우리나라는 평화를 되찾게 되었습니다. 감사합니다. 앞으로 더 좋은 사람으로 살아가겠습니다.

영화 〈1987〉 감상 후
당시 시민들에게 전하는 감사의 편지

히 기다리기만 했던 학생들이 이제는 논리적 비판과 함께 이를 해결할 수 있는 방안까지 제시하며 자기주장을 하는 모습에 저도 모르게 저절로 미소가 지어졌습니다. 흐뭇해졌습니다.

지속가능한 발전(환경) : 가치를 세우다

소속된 연구회에서 세계시민교육자료를 개발할 때 평소 관심을 갖던 환경파트를 집필하게 되었습니다. 환경에 관해 잘 알아서라기보다 자료를 개발하는 과정에서 환경문제에 대해 더 다양한 가도

로 살펴보고 학생들과 환경문제에 대해 다양한 수업을 시도해보고 싶은 마음이 커서 선택한 것이지요. 현재 근무 중인 학교에서 가르치고 있는 교과목 중 하나는 '대인서비스'입니다. 여러 교육내용 중 장애학생들이 졸업 후 성공적인 자립생활 및 직업생활을 위해 바리스타 직무와 관련된 내용을 중점적으로 지도하고 있습니다. 장애학생들이 취업할 수 있는 기관 중 카페가 많기 때문이기도 하지요. 그런데 바리스타 수업을 하면서 저의 마음이 점차 불편해지기 시작했습니다. 환경에 관한 교육자료를 개발하고 강원 세계시민선도교사들과 환경분과 모임을 진행하며 환경문제의 심각성을 너무나도 잘 인식하고 있는데 적정량 이상으로 일회용 플라스틱 용기를 사용하고 있는 것을 발견했기 때문이지요.

불편함 마음을 도저히 참을 수 없게 되자 저는 갑자기 학생들에게 "앞으로 주문받는 음료 이외에 너희가 마시는 음료는 일회용컵이 아닌 유리컵을 사용하렴."라고 이야기 했습니다. 선생님의 말이

제로웨이스트 다짐 포스터

기 때문에 학생들은 "네…"라고 대답했지만 학생들의 표정은 굳어 있었습니다. 지금까지 편하게 일회용 플라스틱 컵을 사용해왔는데 도대체 갑자기 왜 유리컵을 사용해야 하는지 의아해하는 것 같았습니다. 학생들은 당연히 저와 같은 마음이리라 생각하며 한 말이었는데 예상 밖의 반응이라서 놀랐습니다. 환경과 관련된 수업은 좀 더 많이 공부하고, 질 높은 수업자료를 충분히 제작한 후 시작해야겠다는 마음으로 계속 미루고 있었는데 이 일을 통해 더 이상 미룰 수 없다는 것을 알았고, 부족하지만 가지고 있는 자료를 활용해서 가치 세우기 교육부터 바로 진행하였습니다.

가치 세우기 교육의 첫 단계는 현재 전 세계적으로 쓰레기 문제가 얼마나 심각한지, 일회용품을 왜 자제해야 하는지, 버려진 플라스틱 쓰레기가 우리에게 어떻게 다시 돌아오게 되는지 학생들과 함께 직접 제작한 교육자료를 읽고 이야기를 나누는 것입니다. 그 다음은 실천단계입니다. 이 수업을 통해 환경오염이 얼마나 심각한지 학생들 스스로 인식하게 되면 각자의 실천방법을 찾도록 도와줍니다. 가치를 세우고 실천단계에 이르게 되면 교사의 강요가 아닌 학생들 스스로 일회용 용기 대신 유리컵을 쓰는 등 자연스럽게 환경을 보호하는 문화가 학급에 자리잡게 됩니다. 처음부터 가치 세우기 교육을 하고 유리컵 사용을 권장했다면 더 좋았을 것이라는 아쉬움도 많이 남았지만 '가치 세우기 교육'이 얼마나 중요한

지 알 수 있는 귀한 시간이었습니다. 또한 이렇게 한걸음씩 저의 모습들을 성찰하고 학생들과 환경문제에 대해 공유하고 실천해 나가는 과정이 너무나 행복합니다.

지속가능한 발전(환경) : 레고로 만나는 환경교육

가치 세우기 교육을 통해 학생들이 환경보호의 중요성을 인식했다면, 다음 과정은 인식한 것을 확장해서 더 넓고 깊게 탐구 및 응용하는 것을 목표로 수업을 진행했습니다. 대부분의 비장애학생들은 무엇인가를 말이나 글로 표현하는 것이 어렵지 않지만 장애학생의 경우 말이나 글로 표현하는 것이 불가능하거나 어려울 수 있습니다. 그래서 장애학생들이 지닌 다양한 어려움에 관계없이 모든 학생이 참여할 수 있는 표현방식으로 수정하였습니다. 그중 하나는 레고를 활용한 수업입니다. 레고 조립은 말이나 글로 표현하기 어려운 학생들도 모두 참여할 수 있는 데다 대부분의 학생들이 레고조립을 굉장히 좋아해서 재미있게 수업을 이끌어갈 수 있었고, 수업 참여도 역시 높일 수 있었습니다.

"환경을 생각하면 떠오르는 것을 레고블록으로 자유롭게 만들어보세요."
"친환경 물품이나 건축물을 설계해보세요."

친환경 건축물을 디자인한 학생 작품

　특히 아무런 예시 없이 어떤 것을 자유롭게 표현하는 일은 장애 학생에게 더 쉽지 않은 일인데, 학생들은 꽤 오랜 시간 자신이 생각한 것을 정리하고 레고로 다채로운 작품을 만들었습니다. 제가 놀랄 만큼 기발하고 창의적인 발상과 설계를 보여주었지요. 가장 인상에 남았던 작품은 친환경 빌딩이었습니다. 이 빌딩을 만든 학생은 초록색과 파란색 레고를 사용해 지구 이미지가 떠오르도록 전체 외관을 만들었습니다. 그리고 하루 종일 작동되는 에어컨 대신 건물 옥상에 대형 나무를 설치해 빌딩 전체의 온도를 줄이고 전기에너지를 절약하도록 설

'환경'을 떠올리며 자유롭게 만든 학생 작품

계했지요. 출입구 계단에 꽃과 식물을 심어 친환경 느낌을 물씬 준 이 건축물은 감탄을 불러왔습니다. 무엇보다 레고를 활용해 환경뿐만 아니라 모두가 참여할 수 있는 다양한 세계시민교육이 가능할 것이라는 가능성을 볼 수 있어 유익하고 좋은 시간이었습니다.

누구나 할 수 있는, 누구나 해야 하는 세계시민교육

부족하지만 지금까지 제가 해온 세계시민교육의 일부분을 소개했습니다. 쭉 살펴본 소감이 어떠신가요? 세계시민교육이 조금 친근해지셨나요? 어쩌면 제가 소개한 수업들은 세계시민교육이 아니더라도 수많은 선생님이 교육현장에서 이미 다른 교육으로 하고 계시는 수업일지도 모릅니다. 이렇게 세계시민교육은 전문가가 아니여도 저처럼 필요성을 인식하고 하겠다는 의지만 있다면 누구나 할 수 있는 교육입니다.

때때로 이렇게 질문하는 사람들이 있습니다. 장애학생들에게는 기초적인 학습결핍을 보충하고 일상생활에 필요한 기술을 익히는 것이 급선무일 텐데 세계시민교육을 꼭 해야 하느냐고. 하지만 장애학생도 사회의 한 구성원이자 필요한 교육을 마땅히 받아야 하는 시민입니다. 어쩌면 자신을 이해하고 자신의 권리와 의무를 알아 좀 더 적극적이고 주체적으로 삶을 영위하도록 장애학생에게 더 필요한 교육일지도 모릅니다.

＊＊＊

어떤 교육을 선택하느냐가 곧 어떤 사회에서 살아갈지를 결정한다.
－ 21세기 교육을 위한 새로운 관점과 전망
: 유네스코 21세기 세계 교육위원회 종합 보고서(1996) －

＊＊＊

유네스코 보고서에 언급된 이 구절처럼 이 시대를 살아가는 교사들이 어떤 교육을 선택하느냐에 따라 우리 학생들이 앞으로 살아갈 사회가 결정됩니다. 교사가 먼저 더불어 살아가는 데 필요한 가치와 역량을 길러주는 교육을 시작한다면 우리 학생들이 살아갈 미래사회도 그렇게 변화될 것입니다. 세계시민교육을 특정한 사람만이 할 수 있는 것, 해야 하는 것이 아닌 모든 교육과정 속에서 당연히 해야하는 교육으로 인식한다면 "누구나 할 수 있는, 누구나 하는 교육"으로 자리매김하게 될 것입니다. 학교 현장에서 더 많은 선생님들과 함께 가치를 세우고 더 자주 교류하여 보다 더 편안하고 즐겁게 '세계시민교육'에 대해 이야기하는 날이 오기를 기대합니다.

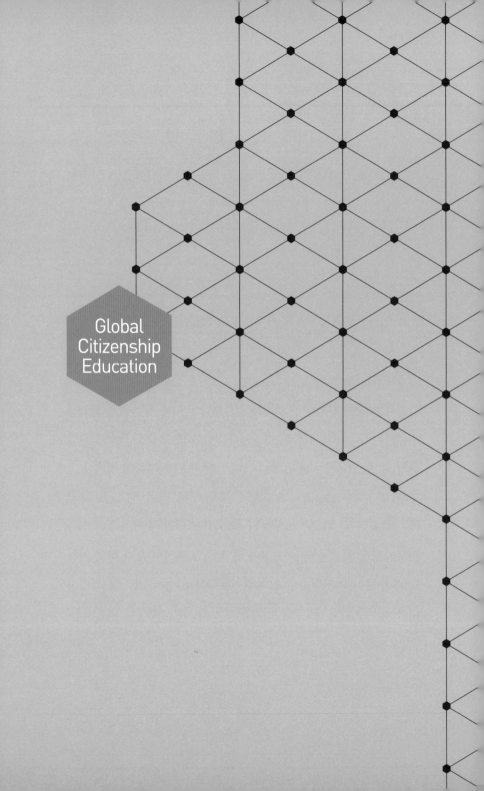

Global
Citizenship
Education

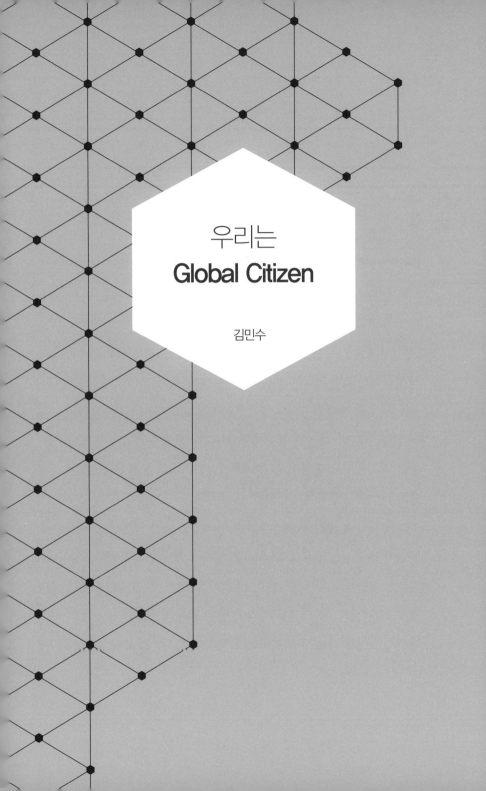

우리는
Global Citizen

김민수

우리는 과연 어떻게 살 것인가?

2020년 11월의 어느 날 고3 교실, 그날도 변함없이 고개를 푹 숙이고 많은 활자들과 치열하게 씨름하는 대한민국의 고3 학생들을 멍하니 바라봅니다. 아이들은 과연 무엇을 배우고 있는가? 어떤 행복을 희망하며 이토록 고된 과정을 견디고 있는가? 수많은 질문이 머릿속을 헤집고 다니다 문득 내 마음으로 모아집니다. 그렇다면 나는 어떤가? 나는 아이들에게 단지 지식과 표준화된 성공 공식만을 무책임하게 던져주고 있지는 않은가? 머리가 복잡해졌습니다. 내 삶에도, 교사로서의 역할에도 전환이 필요했습니다.

다시 나만의 교육철학을 되돌아봤습니다. '함께 공부하고 서로 배우며 모두 성장하는 교육'. 미적분 문제 풀이보다 지적 평등을 일깨우고 우연한 의지를 만들어주는 역량을 키울 수 있도록 도와야겠다고 생각했습니다. 또한 단지 대입을 위한 지식을 배우는 것이 아니라 자신의 삶에 대해 의미와 목적을 가지고 어떻게 살 것인가에 대한 화두를 던져주어야겠다고 생각했습니다. 더 나아가 사회적 고민거리에 대해 관심을 가지고, 타인과의 경쟁에서 벗어나 함께하는 삶의 중요성에 대해 같이 공부하기로 결정했습니다.

교육철학에 대한 고민과 함께 방법을 찾기 시작했습니다. 두 해동안 진행했던 민주시민교육 동아리와 세계시민교육 중앙선도교사 활동에 과감히 도전했습니다. 설렘보다는 걱정이 앞서는 도전이었지만 앞서 활동했던 선생님들의 도움을 받고 함께 공부하기로 결정했습니다. 수학교사의 좌충우돌 민주시민교육과 세계시민교육은 동시에 시작되었습니다.

세계시민교육에 대하여

올해도 코로나19 상황은 좀처럼 진정되지 않고 기후위기, 전쟁, 기아, 난민문제 등 개인의 힘으로는 감당할 수 없는 일들이 전 세계 곳곳에서 발생하고 있습니다. 이처럼 어려운 상황에서도 지구공동체는 서로 공조하며 회복을 위한 노력을 기울이고 있습니다. 개인의 노력뿐 아니라 인류라는 끈으로 연결된 우리 모두의 용기와 희망이 필요한 시기이며, 변화를 위해 단연코 더불어 함께하는 삶에 대한 교육의 중요성을 이야기하지 않을 수 없습니다.

이처럼 학교교육 활동에서도 세계시민교육의 필요성을 인식하였고, 동아리 활동을 통해 학생들이 자신의 존엄을 깨닫고 주변을 비판적으로 해석 및 실천하는 경험으로 세계시민성을 함양할 수 있도록 돕겠다는 목표를 세웠습니다.

국제개발협력, 똑똑똑! 문화다양성

처음 시작하는 세계시민교육이니 교육의 방향을 정하는 것이 선행돼야 한다고 생각했습니다. 먼저, 관련 단체의 지원을 참고해 나만의 세계시민교육을 진행하고자 '코이카 월드프렌즈 빌리지'의 도움을 받기로 했습니다. 불평등한 세계를 인식하고 국제개발협력의 의미와 역사를 이해하는 활동을 기획했습니다. 세계인권선언과 빈곤, 개발재원 및 ODA, 국제개발협력 관련 진로를 탐색하면서 세계의 다양한 모습에 대해 함께 공부했습니다.

둘째로, 문화다양성을 통해 문화적 정체성에 대해 확인하고 문화다양성을 위한 국제적 노력을 알아보았습니다. 세계 여러 나라의 친구 우드인형을 활용하여 석고방향제를 만들어보기도 하고, 문화다양성 보호 및 증진을 위한 국제사회의 노력을 이해하며 문화다양성을 대하는 우리의 태도를 확인했습니다.

이처럼 세계시민교육 관련기관 및 연구회 도움을 통해 세계시민교육의 첫걸음을 시작했으며, 문화다양성 프로그램은 이후 본교

국제교육부와 함께 '다름 아닌 어울림' 문화 페스티벌에 부스 운영으로 함께 참여하는 기회가 되기도 했습니다.

'다름 아닌 어울림' 문화 페스티벌

본교에서 실시하는 문화 페스티벌에 세계시민 동아리로 참여했습니다. 세계 각국의 문화에 관심을 가지고 다양한 방법으로 알림으로써 문화다양성에 대한 이해와 존중을 목표로 하는 문화 페스티벌이었습니다. 총 12개 부스에 운영 학생만 77명이고 국제교육부, 체인지 메이커, 세계시민동아리가 기획·운영하는 규모가 큰 프로젝트였습니다. 우리 동아리는 문화다양성팀, 인권팀, 복지팀으로 나누어 준비했습니다.

우리는 세계시민 동아리

문화다양성팀은 '전통의상으로 알아보는 문화다양성'을 주제로 학교문화 부스를 준비, 운영했습니다. 코이카의 도움을 받아 우

의복으로 알아보는 문화다양성

간다, 미얀마 등 4개국의 전통의상을 준비하고 의복문화를 조사해 PPT로 작성 및 발표했으며, 실제로 전통의상을 착용해보고 퀴즈로 함께 공부해보는 프로그램도 진행했습니다.

또한 인권팀은 '내 손으로 만드는 학교문화'를 주제로 학생인권조례를 통해 다양성을 수용하는 학교문화 부스를 운영했습니다. 우리 지역 학생들과 학생인권조례를 만들어보는 활동경험을 바탕으로 발표 학생이 그 과정을 설명하며 학생들에게 학생인권조례를 이해하기 쉽게 소개했습니다. 이후 참가 학생들이 직접 학생인권조례를 만들어보는 활동을 진행해 학생인권조례안을 제작 및 게시했는데, 학생의 이동권, 회의 참석의 이유, 집회 및 결사의 자유, 건강한 급식을 제공받을 권리 등의 내용이 인상적이었습니다. 이후 동아리 학생들은 학생의 이동권과 관련해 교내의 시각장애인용 점자블록 현황을 조사하거나 비건 학생들의 급식을 선택할 권리 등에 대해 토론하는 등 학생들은 학교생활 속에서 탐구하고 실천

하는 변화된 모습을 보였습니다.

　마지막으로, 복지팀은 '여러 나라의 복지문화'를 주제로 우리나라, 일본, 미국, 스웨덴 등 여러 나라의 복지문화를 조사하고 그 나라의 사회문화적 특징과 관련지어 일본의 노인복지, 스웨덴의 보편적 복지 등 해당 나라의 복지문화에 대해 PPT 자료와 간단한 게임을 통해 이해하기 쉽게 설명하는 등 자신의 진로와 관련된 여러 나라의 사례를 발표했습니다.

미얀마에 민주주의를

　창의적 체험활동 시간을 활용하여 일주일에 한 번 세계시민교육을 실시하였습니다. 세계인종차별의 날을 맞아 여러 나라의 인종 차별 실태를 조사해보고 우리나라의 인종차별 사례를 고민해봤으며, 코로나19 속 아시아 인권 혐오 영상을 시청하고 문제점과 그에 따른 해결책을 활동지를 작성하여 함께 고민했습니다. 특히, 아시아인 혐오 반대 반크 글로벌 청원에 대해 알아보고 청원 글을 작성해보는 등 학생으로서 실천할 수 있는 방안에 대해 모색해봤습니다.

　환경오염, 지역분쟁, 무력 전쟁, 여성 및 아동 인권유린 등 전 지구적 생존과 직간접적으로 연결된 다양한 갈등과 문제를 해결하고, 지구촌 여러나라의 상호 공존을 모색하는 세계시민교육을 실시하였으며, 미얀마 유혈 사태에 대한 동영상을 시청하고 미얀마 사태에 대해 고민해보는 기회를 가졌습니다. 시민단체를 통해 '미얀마에 민주주의'를 슬로건으로 연대 인증샷으로 알리거나 버마 어린이 지원 단체 후원 등 직접 도움을 주는 방법 등 해결책을 모색하여 정리하였습니다.

민주시민교육에 대하여

고등학교 교육과정에서 자신의 교과와는 별도로 민주시민교육을 하기에는 여러 어려움이 있었습니다. 우선, 수학교사로서 교과 수업시간을 활용하기가 어려웠습니다. 또한, 특정 교과 및 특정 부서에서 주로 맡았던 분야라서 선뜻 시작하기도 쉽지가 않았습니다. 그래서 조심스럽게 선택한 것이 민주시민교육 자율동아리 활동이었습니다. 학기 초 학년 구분 없이 '가장 민주적인 방법으로 민주주의를 배우게 하고 싶다'는 목표로 동아리원들을 모집하였습니다. 두 해 동안 함께 민주시민에 대한 공부를 함께했던 3학년 학생들을 주축으로 입소문을 통해 생각보다 많은 학생들이 모였습니다. 앞으로 대한민국 시민으로 행복하게 살아가기 위해 '민주시민으로서의 필요한 자질을 갖추게 함'을 목표로 교육 프로그램을 계획했습니다.

생활 속 생태학 이야기

인권, 평화, 평등, 다양성, 생태 등 다양한 주제에 대해 공부하고 전문가 강연 및 토론을 통해 깊이 있는 이해와 실천을 꾀하고자 했습니다. 그중 가장 기억에 남는 활동을 꼽으라면 생태학 이야기였습니다.

'생활 속 생태학 이야기-생태 문제의 종합적 이해'로 구성했습니다. 인권이 개별적인 중요성에 초점이 맞혀있다면 생태는 종합적 중요성을 중점적으로 공부하고자 하였습니다. 시작은 사전 독서활동으로 진행하였습니다. 참가자 중 독서 활동을 함께할 학생들을 모집하고 '위대한 과업(저 토마스 베리)'를 함께 읽고 고민하는 시간을 가졌습니다. 학생들의 생물다양성의 보전, 훼손된 생태계의 변화, 기후 변화에 대한 깊이 있는 생각들을 들을 수 있어 놀랍고 보람 있는 시간이었습니다.

본 활동에서는 생태 전문가의 강연을 통해 생태 문제가 무엇인지, 생태 문제가 가지는 종합적 성격, 생태 문제 해결을 위한 교육, 경제, 정치 등의 분야에의 적용을 살폈습니다. 또

생태학 이야기 강연

생태학 이야기 학생 발표 및 토론

한, 학생들의 발제로 '위대한 과업'의 12장 탈취경제, 13장 석유 막간시대에 대해 서로 생각을 나누는 토론이 진행됐습니다. 체험활동보고서를 작성하며 사회 여러 분야에서 지속가능성의 확대를 통해 실질적인 녹색사회로의 전환을 위한 이해 및 실천의 중요성을 강조한 학생의 모습이 매우 인상적이었습니다.

이처럼 민주주의 핵심주제에 대해 사전 독서활동을 진행하여 서로의 생각을 나누고 전문가 강연과 발제, 토론활동을 통해 주제에 대한 깊이 있게 이해하는데 많은 도움을 주었습니다. 또한, 다양한 생각을 존중하면서도 논쟁을 두려워하지 않고 자신의 생각을 주장하는 개방적이고 주체적인 민주시민으로서의 의사소통 함양을 위해 효과적인 프로그램이었습니다.

더불어 함께하는 삶
사회적 문화활동에 대한 탐구 및 선거법, 지방자치에 대한 올바른 이해와 사제동행 자전거 내 고장 역사문화탐방 등 더불어 사는 삶에 대해 공부했습니다.

첫째로, '모두의 생활예술협회와 함께하는 사회적 문화활동'을 운영했습니다. 문화기본법을 이해하고 민주시민의 문화활동 참여를 통한 창의적 발상의 사회적 발현을 목표로 지역사회적 협동조합 '모두의 생활예술협회'와 협력해 프로그램을 구성했습니다. 사전 독서활동으로 《런던에서 만난 도시의 미래(과거와 현재가 공존하는 도시재생 이야기)》(저자 김정후)로 다룰 주제 중 하나인 예술을 통한 도시재생에 대해 함께 이야기를 나누었습니다.

다양한 사회적 문화활동을 기획하고 운영한 예술가의 강연을 통해 마을과 예술, 문화적 도시재생의 실제사례를 통해 이해하는 경험을 했습니다. 또한 사전 독서활동을 통해 이해한 도시 재생에 대해 서로의 생각을 나누었습니다. 이 활동을 통해 문화시민의 문화활동 참여를 통한 사회적 참여에 대해 인식하는 계기가 되었습니다. 마지막으로, 재미있는 칸투어 드로잉을 통해 서로를 이해하고 관계의 연결성을 인식하는 기회도 되었습니다.

둘째로, 학교문화 민주주의 개선을 위해 작은 움직임을 실천했습니다. 고교학점제를 앞두고 학생선택 중심 교육과정으로의 전환을 모색하는 변화에 발맞춰 교육주체인 학생, 학부모, 학교 간의 소통 활성화가 무엇보다 중요합니다. 교사뿐 아니라 학생에게 학교 정책결정 과정에 참여하는 기회를 부여함으로써 학생들이 사회적 참여를 통해 변화를 경험하는 학교로의 전환이 필요합니다. 이를 위해 학교 구성원 간의 존중을 바탕으로 참여와 소통의 활성화뿐 아니라 민주적 의사결정 시스템의 강화를 통해 투명성을 확보하는 것이 중요합니다.

교실환경 개선사업

가장 뜻깊게 활동했던 것은 교실환경 개선사업 사용자 참여 설계였습니다. '모든 학생의 성장을 돕는 포용적 고교교육 실현'이라는 고교학점제 정책 비전을 구현하고 본교 교육공동체의 삶과 교육을 조화시킬 수 있는 학교 공간을 만들기 위해 사용자 참여 설계를 기획했습니다. 교육 공간의 실제 사용자인 학생들의 의견을 적

사용자 참여설계 학생 발표

극적으로 반영함으로써 한정된 공간자원을 효율적으로 이용해 미래형 교육활동이 가능한 공간을 만들기 위해 교사TF, 학생TF를 만들어 운영했습니다.

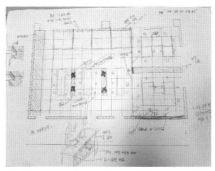
Free-Hand Sketch

2021년 7월부터 2022년 2월까지 실제 설계에 함께 참여해 공간 조성사업에 참여하는 의의와 목적을 공유하고 자신의 의견을 개진하며 교육 공간을 함께 설계했습니다. 새롭게 구축될 교사 라운지, Common Learning, Learning Center 등 총 네 곳의 교수 학습 공간을 구축하기 위해 자발적으로 참여한 교사들과 학생들을 각 공간의 팀으로 나누고 함께 교육 공간을 설계했습니다. 타 학교 및 다양한 교육 공간을 검색해보고 퍼실리테이터의 도움을 받아 안정성, 효율성 등을 검토하여 토론했습니다. 그동안 불편했거나 필요했던 것에 대한 의견들을 주고받으며 논의된 내용을 바탕으로 Free-Hand Sketch로 도면을 구성해보았습니다. 공간 도면을 바탕으로 학생들이 나와서 공간 구성에 대한 발표를 진행했으며, 질의응답을 통해 수정 및 보완했습니다. 이를 바탕으로 CAD 도면과 3D 랜더링 이미지를 만들었고, 여러 번의 수정과 보완 끝에 실시

설계를 위한 온라인 설계를 마쳤습니다.

이처럼 교육과정 구성을 위해 민주적 의사결정 시스템을 경험하고 학생들이 주도적으로 참여하며 실질적으로 학생들의 의견을 반영함으로써 학교 공간 구성 및 활용의 변화를 통해 학생들의 공간 주권을 실현해본 경험은 학교문화의 민주주의를 위한 작은 한 걸음이었습니다.

마무리하며

이제 겨우 첫발을 내디디며 부족함을 느낍니다. 처음 시작할 때 이루고자 했던 방향에서 벗어난 것은 아닌지, 의도와는 달리 학생들에게 교육적 효과가 없었던 것은 아닌지 늘 걱정이 되었습니다. 그래도 다시 용기를 내봅니다. 지난 경험을 바탕으로 앞으로는 어떤 비전을 가지고 희망이 샘솟는 세계시민교육을 할 것인가를 그려봅니다.

우선, 세계시민교육의 다양한 핵심주제에 대한 전문적 공부가 선행되어야 한다고 생각합니다. 다양한 연수와 연구회 활동을 통해 실력을 갖춰야 합니다. 또한 지금까지는 이해와 인식 수준의 교육이 이뤄졌다면 앞으로는 캠페인 활동, 리빙랩 연계 프로그램 운영 등 사회적 참여와 실천으로 이뤄지는 활동을 기획 및 운영하고 싶습니다. 더불어 지역사회 및 타 학교 등 다양한 연계 교육활동을 기획하고 싶습니다. 민주시민 네트워크에서 진행하는 선거법 교육을 여러 학교와 협조해 비대면으로 함께하는 것도 그 연장선상에 있다고 생각합니다.

마지막으로, 일선 학교에서 학생들의 전인적 성장을 위해 최선을 다하고 있는 선생님들을 응원합니다. 코로나19의 어려운 상황에서도 열심히 공부하며 성장하는 학생들에게도 힘찬 박수를 보냅니다. 아무쪼록 우리 학생들이 생명의 소중함을 바탕으로 자연과 인류가 더불어 사는 삶의 가치를 존중하는 세계시민, 능동적이고 자주적으로 세상에 자신의 목소리를 담을 수 있는 민주시민으로 날아오르길 기대합니다.

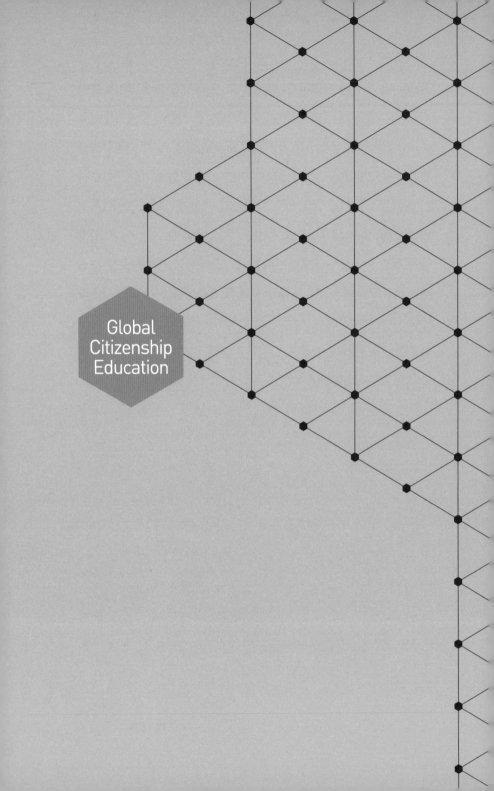

Global
Citizenship
Education

'다문화' 없는
'다문화' 교육을
꿈꾸다

박은주

나의 새로운 정체성

다문화. 파견교사.

교사생활을 하면서 모두 저와 어울리는 단어는 아니었습니다. 학교에서 다문화업무를 초임 발령 때 잠깐 해보고는 거의 10년간 해본 적이 없었으니까요. 그런 제가 다문화업무를 주관하는 강원 도교육청 다문화교육센터 파견교사로 2년간 근무를 하게 되다니, 인생은 알 수 없다지만 저의 교직생활은 상상도 못한 방향으로 흘러갔습니다.

다문화교육 업무를 파견교사로 하게 된다는 것을 알았을 때 업무에 대해서는 사실 크게 걱정하지 않았습니다. 학교에서 다문화업무라는 것은 크게 어렵지도 중요하지도 않은 그런 업무로 여겨졌기 때문입니다. 새로운 환경과 업무에 대한 어려움을 조금이라도 짐작했다면 파견을 가는 일은 절대 없었을 것입니다.

파견 첫해 몇 개월은 굉장히 힘들었습니다. 하지만 주변 사람들은 제가 힘들어하는지 잘 몰랐을 것입니다. 적응하기 위해서 늘 웃고 친절하게 다녔으니까요. 거절을 잘 못하는 데다 힘든 일은 혼자 삭이는 성격이라 제 주변 사람들은 아무도 몰랐을 것입니다.

10년 동안 학교에서 아이들을 가르쳐왔는데 그것과는 너무 다른 성격의 일을 하다보면 문득 '내가 여기서 뭐 하고 있는 거지?' 하는 생각이 들 때가 있었습니다.

교육청은 쌀쌀맞은 곳

물론 제가 만난 대부분의 '사람'들은 따뜻하고 친절했고 늘 저를 챙겨주었습니다. 제가 말하는 쌀쌀맞은 느낌은 '사람'이 아니라 '시스템'을 말하는 것입니다. 도교육청의 시스템은 불친절하고 참 쌀쌀맞아서 가끔은 너무 무능력한 인간이 된 것 같은 기분이 들 때도 있었고, 제가 맡은 업무의 성격처럼 이방인이 된 것 같을 때가 많았습니다.

제가 속한 과 29명 중에서 교사는 '나' 한 명뿐, 그 누구도 저와 같은 위치에 있는 사람이 없었습니다. 신기하게도 도교육청에서 그 일을 하는 사람은 교사로는 저 혼자였습니다.

내가 가진 특권을 알아차리는 확실한 계기는 그 특권이 흔들리는 경험을 할 때라고 합니다. 더 이상 주류가 아닌 상황이 될 때, 그래서 전과 달리 불편해질 때 지금까지 누린 특권을 비로소 발견할 수 있다고 하는데 제가 바로 그랬습니다. 학교 안에서의 특권들을 교육청에서 누리지 못하는 경험을 해봄으로써 저는 그제야 제가 학교에서 얼마나 많은 특권을 누리고 있었는지 알게 되었습니다. 미처 특권이라고 생각하지도 못한 그런 사소한 것들까지. 생각해보면 10년이 넘는 동안 저는 학교에서 소수자의 위치에 있어본 적이 거의 없었습니다.

춘천교대 졸업, 여교사, 정교사, 담임.

저의 위치는 초등학교에서는 가장 불편함이 없는 위치였습니다. 굳이 숨기고 싶지 않은 정체성으로 편하게 다닐 수 있었지요. 제가 가진 정체성을 숨길 필요가 없거나 다수에 포함돼 있는 상황이 얼마나 편한 일이고 기득권의 입장이 될 수 있는가를 교육청에서 근무하며 알게 되었습니다.

학교에서 다수의 입장에 포함되지 못한 사람들을 보면 가졌던 의문.

"왜 저들은 매번 소극적일까?"

그 의문을 조금이나마 풀 수 있었습니다.

전체회의를 한다는 메시지를 받으면 '나도 그 회의에 가는 건가?'라는 의문을 품어본 적이 학교에서는 단 한 번도 없었습니다. 하지만 교육청에서는 회의를 한다고 하면 '장학사들 회의에 나도 가는 건가, 업무회의 내용에 내 업무가 포함되어 있기는 한데' 하고 고민이 되었습니다.

분명 아주 별것 아닌 것들이지만 이렇게 수많은 사소한 것들이 저를 고민하게 만들고, 가장 먼저 내가 '끼어도' 되는 자리인지 아닌지를 생각하게 했습니다. 누구의 잘못도 아닌 일들이지만 저는 늘 고민해야 했고 눈치를 봐야 했습니다. 어느 순간, 저도 우리 과에서 그렇게 소극적인 사람이 되어 있었습니다.

교육청에서의 나는 뭐가 그렇게 힘들고 불편했을까요?

여러 가지가 있었지만, 늘 나를 증명해야 하고 설명해야 하는 위치도 그중 하나였습니다. 교사인지 장학사인지. 당연히 장학사일 거라고 생각해서 사람들이 저를 장학사라 부르는 것도 불편했고, 교사라면 초등 출신인지 중등 출신인지, 더 나아가서는 기혼인지 미혼인지.

매 순간 스쳐가는 짧은 만남에서도 누군가에게는 당연할 수 있는 일들을 내가 누구이고, 무엇 때문에 여기서 이 일을 하고 있는지 설명해야 했지요. 별것 아닌 일들이지만 당하는 사람은 여간 불편한 게 아니라는 것을 몸소 체험했습니다.

어떤 분은 '교사'가 무려 '도교육청'씩이나 와서 근무하게 됐으니 당연히 '학교'에 있을 때보다는 더 많은 일을 해야 하는 게 아니냐며, 학교처럼 편하게 있으려면 뭐 하러 파견을 오냐는 말까지 했습니다. 일타쌍피로 학교와 교사를 모두 후려치는 말이었지요. 그런 말을 들으면 기가 막히고 어이가 없었지만, 학교에서 그리고 우리 사회에서 다양한 위치에 있는 사람들이 각자의 지위와 일에 대해 이런 식으로 무시당하는 경우가 많다는 것을 깨닫게 되었습니다. 그리고 그렇게 기가 막힌 소리를 하는 사람은 어쩌다 한둘이었지만 늘 저를 위축되게 만들었습니다.

"있는사람들"

그나마 파견 기간 동안 나의 존재감을 확인시키고 즐거움을 주는 일이 하나 있었다면 그것은 강원도교육청 독서동아리 활동이었습니다.

있는사람들.

띄어쓰기 없는 있는사람들입니다. 특이한 것에 꽂히는 저는 띄어쓰기 없는 이 단어가 좋았지요.

때로는 "돈 있는사람들"이 되었다가 "독설 있는사람들"이 되었다가 "유머 있는사람들"이 되는 모임이었습니다. 매주 한 번씩 하는 독서모임이 교육청에서 저의 유일한 즐거움이었습니다. 내적 낯가림이 있는 편이어서 새로운 모임을 갈 때는 모임 구성원을 좀 살펴보는 편인데, 운명이었는지 "있는사람들" 동아리에 갈 때는 그런 것을 전혀 따지지 않고 그냥 이끌리듯 따라가게 되었습니다.

초등 파견교사, 중등 파견교사, 장학사, 주무관, 20대, 30대, 40대, 50대, 남자, 여자, 기혼, 미혼까지 제각각이었고 하는 업무도 모두 달랐습니다. 워낙 다양한 성격의 그룹이어서 '다수'라는 말이 존재하지 않는 모임이었습니다. 과 내에서는 소수의 입장에 있다가 다수의 그룹이 존재하지 않는 곳이 이렇게 마음 편하다는 것을 알 수 있는 계기가 되었지요.

책을 읽고 자신의 생각을 눈치 보지 않고 서로의 뼈를 때려가며 이야기할 수 있는 모임이었습니다. 사무실에서 늘 위축돼 있던 마음이 이 모임만 가면 스르르 풀렸고, 누가 시키지도 않았는데 동아리 일을 앞장서서 먼저 하는 것이 큰 즐거움이었습니다. 동아리 사람들에게는 각자 역할이 하나씩 있었는데, 모든 역할이 중요했습니다. 회장, 총무를 비롯해 동아리 일지 작성자, 사진 담당, 책 배달 담당, 예약 담당, 이야기가 다른 길로 샐 때 다시 주제로 돌아오게 하는 방향잡이, 분위기를 띄우는 분위기 메이커 등 다양했습니다. 우리는 각자 자신의 역할에 최선을 다했고, 서로를 진심으로 칭찬해주었습니다. 모든 역할이 중요하고 직급의 차이가 없으며 서로를 인정해주는 따뜻한 곳이었지요.

사실 교육청 업무를 하다 보면 칭찬을 주고받을 일이 별로 없습니다. 사업을 끝내거나 하나의 업무를 해결하고 난 뒤의 "수고했

어요"라는 말이 가장 큰 칭찬이었지요. 하지만 독서동아리는 달랐습니다. 매주 따듯하고 진심이 담긴 칭찬이 오갔습니다. 입에 발린 칭찬도 아니고 업무적인 칭찬도 아닌, 그 사람이 하는 일 전체를 인정해주고 알아주는 인색하지 않은 사람들의 모임이었습니다. 그렇게 마음 기댈 곳이 생기면서 힘들었던 교육청 생활에도 적응해 나갈 수 있었습니다.

내가 가장 싫어하는 말은 '다문화'

교육청에서 근무하며 가장 싫어하게 된 말이 바로 다문화입니다. 아이러니하게도 2년 동안 가장 많이 들었을 단어지만 편견이 뭉쳐 있는 단어라고 생각합니다. 다문화라는 용어의 사용 때문에 민원전화를 받은 적도 있었고, 저 또한 업무를 하면 할수록 다문화라는 용어에 대한 불편함이 더 강해졌습니다.

선생님들을 대상으로 강의를 하면서 '다문화교육'이라는 말을 들었을 때 무엇이 떠오르는지 물으면 대부분 '다문화학생'을 떠올립니다. 그리고 중간에 여러 생각 과정들이 있지만 다문화학생은 '지원'과 이어지고요. 그렇습니다. 교육현장에서 다문화는 지원과 가장 밀접한 용어가 되어 있었습니다.

그동안 제가 편견이 없었던 것인지 교직 생활 10년이 넘으면서도 다문화학생을 지원 대상으로 생각하거나 다문화배경 가정이라서 문제가 있다고 생각해본 적은 없었습니다. 대부분 국내에서 출생한 다문화학생들이었고, 심지어 생활태도나 학습태도가 더 우수한 학생들도 있었기에 그런 편견은 없었던 것 같습니다. 하지만 교육청에서 근무하다 보니 교육부에서 나오는 공문이나 정책들은 다문화학생들을 지원의 대상으로 바라보는 시각이 팽배했습니다. 물론 다문화배경을 고려하지 못한 무지한 담임 때문에 실제로 지원이 필요한 다문화학생이 지원을 받지 못하고 넘어갔을 수도 있을 것입니다. 그 친구들에게는 미안한 마음이 듭니다.

업무 지식이 많지 않은 새내기 다문화업무 담당자였던 저는 모든 학생들을 대상으로 하는 다양성 교육과 다문화학생을 대상으로 한 맞춤형 교육 사이에서 늘 갈팡질팡했습니다. 다문화학생만을 따로 떼서 프로그램을 운영하지 말라고 하면서도 다문화학생 수를 조사하고, 다문화학생 맞춤형 프로그램이 필수적으로 들어가야만 하는 희한하게 짜인 형식의 계획서. 모두를 위한 다문화교육을 하라고 하면서도 교육부는 절대로 다문화학생'만'을 위한 프로그램을 놓지 못했습니다.

다문화교육에는 정답이 없습니다. 개인적으로는 '모든' 학생을 대상으로 다양성을 존중하는 공감과 공존의 교육정책을 더 활성화해야 한다고 보는 쪽이지만, 열악한 환경의 다문화학생을 많이 만나본 교사들은 일단 다문화학생들의 적응을 돕는 지원 정책이 더 필요하다고 볼 것입니다. 다른 교육도 마찬가지지만 다문화교육은 개인이 어떤 경험을 했느냐에 따라 교육을 바라보는 관점도 매우 다릅니다. 여기에도 다문화교육의 어려움이 있습니다.

다문화라는 이상한 말

문화적 배경이 다르지 않은 사람들이 과연 존재하기나 할까요? 존재하지 않습니다. 사회를 따져볼 것도 없이 학교에서만 따져보아도 학급의 모든 학생이 다문화입니다. 우리 모두는 다른 문화를 소유하므로 다문화라는 말이 얼마나 이상한 말인지를 알 수 있습니다. 단문화가 존재할 수도 없는데도 다문화는 존재하고 가르쳐야 합니다. 그렇다면 다문화교육을 논할 때 이제는 다양한 문화, 서로가 지닌 다양한 정체성에 대해 이야기를 나누어야 하는데 교육현장은 그렇지 않지요. 10년 전이나 지금이나 여전히 다루고 싶은 주제만 다룹니다. 다양한 나라의 음식을 만들고 옷을 입어보는 '즐기는' 다문화교육에서 이제는 '논쟁하는' 다문화교육으로 나아가야 할 때입니다. 불편하지만 다루어야 하고 논쟁하고 서로의 생각을 나누어야 합니다.

다문화교육의 다문화가 다양성의 의미를 담지 못하고 지금처럼 다문화학생에 초점을 맞추어 '다문화학생 맞춤형 교육'과 '다문화 감수성 교육'이 묶여서 간다면 다문화에 대한 편견과 오해는 해소되지 않으리라는 것이 개인적인 생각입니다. 교육청에서 다문화교육 실시현황을 초중고 전체 학교를 대상으로 받았는데, 많은 학교에서 "다문화학생이 없어서 다문화교육을 하지 않는다"고 답변하거나 "다문화학생이 있어도 다문화교육을 받을 필요가 없다"는 식의 답변을 해와 고개를 절레절레했던 기억이 있습니다. 많은 선생님들이 그렇게 생각하는 이유는 앞에서 말한 두 가지 교육을 묶어서 다문화교육이라 부르기 때문이 아닐까 생각합니다. 따지고 보면 우리가 하는 교육에서 다문화교육이 아닌 것이 없는데, 또 공문에서 다문화교육을 몇 시간 하고 있는지 현황을 물으니 당연히 학교 교사들은 헷갈릴 수밖에 없지요.

학교현장의 다문화교육은 절대로 다문화학생을 대상으로 해서는 안 됩니다. 지원 개념이 아닌 경우에도 문제점이 있습니다. 다문화교육의 전문가라는 교수님이 오셔서 학교에서 활용하면 좋을 다문화교육에 대한 자료를 안내하시는데, 까만 얼굴의 소심한 다문화학생의 성장 모습을 주제로 한 교육자료가 포함돼 있었습니다. 감동과 신파로 가득한 애니메이션을 보는 동안 눈물을 흘리는 선생님들도 여러 있었습니다. 하지만 저는 10분 분량의 애니메이션을 보는 동안 불편했습니다.

다문화교육에서 흔히 저지르는 잘못은 교육물로 쓰이는 콘텐츠에서 다문화학생 자체가 대상화되거나 불쌍하게 묘사된다는 것입니다. 교육물의 내용이 아무리 교훈적이더라도 다문화 배경의 학생들이 이유 없는 열등감을 느낄 수 있고, 비다문화학생들에게 부정적인 스테레오타입을 심어줄 수 있는 자료는 더 이상 교육물로써 쓸모가 없습니다. 교육부에서 자료를 배포할 때는 이런 검열을 좀 더 엄격하게 할 필요가 있습니다. 교육 자료를 보는 학생들에는 비다문화학생뿐만 아니라 다문화학생들도 다수 포함되어 있지요. 한국인의 우월적 관점에서 늘 도움만 받고 불쌍하게 그려지는 다문화학생의 모습이 나오는 교육자료를 같은 교실에서 함께 보며 다문화학생들이 과연 무슨 생각을 하고 어떤 기분이 들까요? 이것을 상상해본다면 그런 자료들이 함부로 사용되어서는 안 된다는 것을 쉽게 납득할 것입니다.

교육청에서 업무를 하다 보면 다문화교육이 너무 어렵다고 어떻게 하면 좋을지 자료를 달라고 요청하는 선생님들이 많은데, 이럴 때 참 난감했습니다. 업무 초반에는 가지고 있는 자료들 중 수업자료가 있는 자료는 모두 드렸습니다. 하지만 다문화교육을 점점 공부하면서 과연 이 자료들이 학교 현장에서 아이들에게 도움이 될지, 자료 자체에 편견이 들어가 있지는 않은지 하는 고민에 선생님들께 선뜻 자료를 드리기가 어려워졌습니다. 다문화교육의 문제는 현재 나와 있는 자료 중에 좋은 교육예시보다 좋지 않은 교육예시가 더 많다는 데 있습니다.

다문화교육은 교육부(교육청)에서 뿌려대는 각종 자료와 지도안으로는 결코 성공할 수 없습니다. 저도 한때 열정 넘치는 선생님들의 수업 사례발표를 수없이 들으러 다녔습니다. 연수를 들을 때는 몹시 감탄해서 '나도 저렇게 해보겠노라'고 다짐을 했지만, 결국 저의 교실로는 그 선생님의 '성공적인 수업'을 끌고 올 수 없었습니다. 모두 그런 경험들이 있으시죠? 특히 다문화교육은 교사 스스로의 다문화감수성이 전제돼야 교육이 제대로 이루어질 수 있는데, 선생님들조차 감수성이 없는 상태에서 어떤 수업을 할 수 있을까요?

그렇다면 감수성이 완벽하게 있어야 교육을 할 수 있을까요? 물론 아닙니다. 교사도 불완전한 존재이기에 끊임없이 공부하고 노력해야 하지요. 지금까지도 저는 아이들에게 편견으로 가득한 말과 행동들을 많이 합니다. 알아가고 고치려고 노력하고 있고요. 공부하면서도 고치고, 아이들과 함께 배워나가기도 합니다.

얼마 전 수업 중에 소방차가 요란하게 여러 대 지나갔습니다. 아이들이 어디 불난 건 아닌지 걱정을 하는 것을 보고 제가 안심을 시켜준답시고 한마디를 했습니다.

"걱정 마, 소방관 아저씨들이 잘 꺼주실 거야."

그러자 아이들이 반문했습니다.

"네? 왜 소방관 아저씨라고 말씀하시는 거죠?"

기특한 녀석들. 당장 사과를 했지요, 말을 잘못했다고.

감수성이란 이렇게 사소한 단어에서 시작되는 것입니다. 너무 예민하다고 할 수도 있지만, 차별어에 예민해진 사람들이야말로 차별에도 민감해질 수 있으니까요. 이렇게 교사 혼자 배우고 성장하는 것이 아니라 아이들과 함께 배우고 성장해나가는 것이 다문화교육입니다. 아이들을 가르치기도 하지만 아이들에게 배우기도 합니다. 아울러 교사들이 학교를 벗어나서 더 다양한 사람들을 만나는 기회를 얻을 수 있다면 그것이 우수사례 지도안보다 더 효과적일 것입니다. 제가 그랬던 것처럼요.

우리 사회에서 말하는 다문화

요즘 다문화라는 개념이 많이 바뀌고 있습니다. 다행히 나라나 인종에 국한되지 않은 다양성의 개념으로 사용되는 분위기입니다. 하지만 우리 교육현장에서는 아직 그런 분위기를 많이 느낄 수 없습니다. 사회는 나이, 성별, 종교, 인종, 출신지역, 직업, 장애, 성적 지향, 성 정체성, 결혼여부, 정치적 성향 등 한 사람을 이루고 있는 많은 정체성에 관심을 가지고 인정을 해주는 분위기이지만 학교에서는 변화가 쉽지 않습니다.

다양한 문화예술 분야에서 일하는 사람들이 모여서 듣는 문화다양성 연수에 참석한 적이 있습니다. 1박 2일 프로그램을 두 번에 걸쳐 30시간 이상 강의 및 토론을 하는 연수였는데, 학교에 있었다면 학기 중 4일이라는 시간을 내서 그런 연수를 들을 수 없었을 테지만 교육청에 있어서 운 좋게 그 연수를 들었습니다. 처음에는 내가 하는 업무에 도움이 될까 해서, 좋은 강사가 있을까 해서 연수를 신청하게 되었는데 이 연수는 교육청에서 주관하는 흔한 다문화 연수가 아니었습니다. 처음 만나보는 다양한 정체성의 사람들과 그들의 이야기, 내가 한 번도 만나지 않은(만나지 않았다고 믿었던) 사람들의 이야기였으며, 우리 사회에서 혐오의 대상으로 살아가는 그들의 삶을 들여다보는 시간이었습니다.

이 연수에서 했던 재미있는 활동 한 가지가 기억납니다. 많은 사회 구성원의 특징이 적힌 리스트가 있습니다. 폭력전과가 있다고 소문난 요리사, 동성연애를 하는 20대, 공장에서 일하는 불법체류 외국인, 휠체어를 타는 장애인, 퇴직한 교장선생님, 100킬로그램이 넘는 식이장애가 있는 사람, 환경운동가, 운동권에서 일하는 채식주의자, 난민가족 등 다양한 사람들의 리스트입니다.

한 집에서 세 명과 반드시 살아야 한다면 어떤 사람과 살고 어떤 사람과는 절대 살고 싶지 않은지 골라보는 활동을 했습니다. 그런데 놀라우리만큼 많은 사람들이 '퇴직한 교장선생님'과는 살고 싶지 않다고 선택했습니다. 교사인 저만 이 사실이 놀랍고 다른 사람들은 고개를 끄덕이며 모두 공감하는 분위기였습니다. 우리 사회에서 '퇴직한 교장선생님'의 이미지가 어떤 것인지…….

더 놀라운 것은 저도 모르게 퇴직한 교장선생님을 남자로 생각하고 있었다는 것입니다(남자 교장선생님들께 죄송스러운 말씀을 전합니다). 성별이 전혀 나와 있지 않은데도 저는 이 활동을 하는 내내 남교장이라는 생각을 하고 있었습니다. 저도 참 편견이 많은 사람이지요? 이 리스트에는 대부분 성별이 구분되어 있지 않는데 저도 모르게 폭력전과자는 남자, 환경운동가는 여자라는 생각을 무의식적으로 하면서 활동을 하고 있다는 것에 많이 놀랐습니다. 이렇게 제가 가진 무의식적 편견을 확인하기도 했습니다.

교육청에서 다문화업무를 접하고 다문화교육을 깊이 공부하기 전까지는 저도 누군가를 혐오하기도 했으며, 이유를 불문하고 누군가를 싫어하고 반대하기도 했습니다. 물론 지금도 그런 면이 완전히 사라진 것은 아니지만, 최소한 그 사람들의 삶을 들여다보고 싶은 마음은 생겼습니다. 우리 모두 누군가의 삶을 조금이라도 들여다보기 시작한다면 무작정 혐오하는 사회는 되지 않을 것입니다.

사회에 섞여 사는 다양한 사람들의 정체성을 알기 전까지는 저도 그들의 정체성을 그저 나와는 완전히 다른 세계의 사람들이라고 생각했고 오해도 하며 살았습니다. 학교현장에서 많은 선생님들과 이야기해보면 여전히 대화가 조심스럽습니다. 교육적인 문제나 종교적인 문제가 있을 수도 있고 개인적인 신념의 문제도 있지요. 동성애자, 젠더 문제에 대해서는 정말 조심스럽습니다. 우리가 무심코 말을 할 때 그것을 듣는 사람들 속에 동성애자가 있을 수도 있고 다문화가정 사람들이 있을 수도 있습니다. 의견 차이와 논쟁을 피하기 위해서이기도 하지만 한 사람을 이루는 보이지 않는 정체성이 있기에 다른 누군가의 정체성을 이야기할 때는 항상 조심해야 합니다. 저 또한 지금의 저를 만들기까지 수많은 정체성을 지녀왔고 또 새롭게 만들기도 합니다. 그리고 새롭게 만들어지는 저의 정체성은 가끔 누군가의 악의 없는 한마디에 화가 치솟을 때도 있지요. 일정한 나이에 도달하고도 결혼과 출산의 길을 걷지 않는 저는 자주 불편을 겪습니다.

"박 선생은 애가 없어서 몰라요."

"결혼을 왜 안 해? 어디가 부족한가? 하하하!"

모르긴 뭘 몰라. 웃자고 하는 이야기에 죽자고 달려들 수도 없고, 이제는 그런 말에 웃지 않는 것이 제가 할 수 있는 최소한의 저

항입니다. 그저 업무여서 그리고 누군가에게 도움을 주기 위해 다문화교육을 더 공부했는데, 다문화교육을 하면 할수록 저 스스로가 가장 많이 성장했습니다. 이러한 인식의 전환은 파견을 끝내고 학교로 돌아와서 제가 하는 교육에 많은 변화를 주었지요.

다문화 없는 다문화교육

그럼 선생님은 어떤 다문화교육을 하시나요? 다문화라는 말이 싫다면서 다문화교육은 안 하시나요?

물론 저도 합니다. 다문화라는 용어는 싫지만 반드시 해야 하는 교육이지요. 다문화교육의 기본은 인권(권리)교육이라는 생각이 들었고, 인종과 민족에 한정되는 폭이 좁은 교육은 싫고 다문화라는 용어를 사용하지 않고 교육하고 싶었습니다. 그래서 인권, 평화, 반차별, 반편견, 환경 등을 따로 구분하지 않고 교육을 시작했습니다. 아이들이 어려워하지 않고 흥미를 가지는 것도 중요하다고 생각해 그림책 수업으로 시작했지요. 올해 그림책 수업은 빅북을 활용해 진행했는데, 빅북은 보통 그림책보다 4배 정도 큰 그림책을 말합니다. 12명의 소규모 학급에서 옹기종기 둘러앉아 친구가 읽어주는 그림책을 듣는 활동을 우리 반 아이들은 가장 좋아합니다.

(의도했던 방향은 아니었지만) 아이들은 교사가 아니라 자기들이 순

번을 정해 친구들에게 그림책을 읽어주고 싶어 하고 듣고 싶어 했습니다. 그리고 자기들끼리 그림에 대해서 자연스럽게 이야기를 나누었지요. 저는 그저 옆에 앉아서 그림이 잘 보이게 책장만 넘겨주면 되었습니다.

《눈보라》. 그중 가장 인상 깊었던 그림책. 환경교육을 위해 선택한 그림책이었습니다.

저도 아이들 틈에 끼여 우리 반 친구가 읽어주는 것에 집중하고 있었는데, 자기들끼리 하는 이야기들이 굉장히 진지하고 재미있습니다.

"눈보라가 마치 쓰레기장에서 살고 있는 우리 인간들을 내려다보고 있는 것 같아."

"흙을 털에 묻히는 거 아니야? 북극곰을 싫어하니까 팬더처럼 보이려고?"

"사람들이 바보네. 똑같은 북극곰인데 좋아했다가 싫어했다가."

아이들은 다양한 생각을 자유롭고 수다스럽게 나누었습니다. 굳이 제가 다름에 대한 이야기를 특별히 이끌어내지 않아도 아이들은 어떤 삶이 더 소중하고 필요한지를 알고 있었지요.

"선생님, 마지막 장이 마치 우리 인간의 모습 같아요."

"그게 무슨 말일까?"

"사라지는 글씨가 마치 지금 이대로 살면 우리도 사라진다고 말해주는 것 같아요."

미성숙하다고 생각했던 아이들은 이토록 철학적이며 스스로 교훈을 이끌어낼 줄 아는 존재들이었습니다. 또 하나의 편견이 깨지는 순간이었지요.

평화수업을 해도 아이들은 다양성을 이끌어내었습니다. 《평화책(The peace book)》을 읽고 나만의 평화는 무엇인지 그림책을 만드는 활동을 했는데 다문화, 다양성이라는 말을 한 번도 한 적 없는데 아이들은 스스로 다양한 것의 존재가 평화와 연결된다는 것을 알고 있었습니다.

"평화는 생긴 건 다르지만 모두 똑같은 거야."

"평화는 서로 얘기하는 거야."

"평화는 다 같이 있는 거야."

"평화는 돕는 거야."

"평화는 비교하지 않는 거야."

제가 가르치는 아이들은 다문화라는 말의 정의도 잘 모르고 사용하지도 않지만 다름에 대한 존중의 태도는 이미 훌륭히 갖춰져 있습니다. 굳이 다문화교육을 2시간 이상 실시하라는 공문에 따라 다문화교육시간을 잡아 "다문화란 무엇일까요? 다문화사회에 어떻게 해야 할까요?"를 교육하지 않아도 아이들은 이미 다른 사람과 다른 세계를 존중하고 있었지요. 편견으로 가득찬 이 단어를 아이들에게 집어넣을 필요는 없었습니다. 인권, 평화, 환경 등의 교육을 염두에 두고 산 그림책들이었는데, 아이들은 그 속에서 다양성을 찾아냈습니다. 이처럼 다문화는 다문화가정, 다문화학생을 대상화하지 않아도 우리 삶 전체에 걸쳐 있는 주제입니다.

다문화사회로 접어들었다고는 하지만 진정한 다문화사회는 다문화라는 용어가 없는 사회가 아닐까요? 우리 사회에 단문화라는 말이 없듯이 그 반대의 다문화라는 말도 없어지기를 바랍니다. 그냥 모두의 문화, 우리의 문화, 너의 문화라는 말이 자연스럽게 되기를 바랍니다.

교육청에서 2년이나 다문화업무를 하고 왔지만 아직까지 다문화교육이니, 세계시민교육이니, 민주시민교육이니 하는 것들의 정확한 의미를 확신을 담아 설명하지 못합니다. 그리고 여전히 나와 다른 것에 대해 편견을 가지고 있지요. 젠더 문제나 난민 문제에서 옹호론을 펼치다가도 옹호 논리를 제대로 갖추지 못해 혐오론자들의 논리에 말려들어 끝내 '아, 그런가' 하고 대화를 마무리하는 정도의 식견밖에 갖추지 못했고요. 사회가 편견과 혐오로 가득 찼다고 걱정하지만 우리 사회는 조금씩 긍정적으로 변하고 있다고 믿으며, 제가 하는 교육이 아이들의 삶과 우리 사회를 조금씩 변화시

킨다고 생각하며 저도 잘 모르지만 그저 해내고 있습니다.

진정한 유토피아란 장애나 결함을 완벽하게 소거하는 세상이 아니라 장애와 더불어 차별을, 사랑과 더불어 배제를, 완벽함과 더불어 고통을 함께 붙잡고 고민하는 세상일지 모른다고 김초엽 작가는 말했습니다. 그런 면에서 우리 사회가 편견과 혐오로 가득 찬 사회로 변하는 것 같아 보이지만 어쩌면 유토피아로 나아가는 중이라는 생각을 하며 '다문화'가 사라지는 '다문화교육'을 오늘도 준비해봅니다.

Global
Citizenship
Education

새우와 고래가 함께 숨 쉬는 바다

세계시민교육
Global Citizenship Education

－교사의, 교사에 의한, 교사를 위한

지은이 | 문주호 · 이상모 · 이해인 · 김민수 · 박은주
펴낸이 | 황인원
펴낸곳 | 도서출판 창해

신고번호 | 제2019－000317호

초판 인쇄 | 2021년 12월 10일
초판 발행 | 2021년 12월 17일

우편번호 | 04037
주소 | 서울특별시 마포구 양화로 59, 601호(서교동)
전화 | (02)322－3333(代)
팩시밀리 | (02)333－5678
E－mail | dachawon@daum.net

ISBN 979－11－91215－29－8 (03370)

값 11,800원

ⓒ문주호 · 이상모 · 이해인 · 김민수 · 박은주, 2021, Printed in Korea

* 잘못된 책은 구입하신 곳에서 교환해드립니다.

Publishing Club Dachawon(多次元)
창해 · 다차원북스 · 나마스테